高等职业学校“十四五”规划财经商贸类精品教材

总主编◎谭　欣　陈月明

活页式教材

BUSINESS

直播营销实训教程（活页式）

ECONOMICS

Live Streaming Marketing Practical Training Course

主　编　周　茵　韦晓霞　王冬云

華中科技大學出版社
http://press.hust.edu.cn
中国·武汉

内容提要

本书对标《互联网营销师国家职业技能标准》《电子商务直播营销人员管理规范》，以及《1+X直播电商职业技能等级标准（中级）》进行结构设计和内容编排，包括团队建设、直播策划、直播带货、直播运营四大工作模块，涵盖团队组建、IP打造、商品选品、内容策划、脚本设计、场景设计、单品介绍、现场互动、销售促单、直播引流、直播复盘十一个典型项目所需的知识、技能和方法。

本书突出"任务为导向、教学做合一、岗书证融合"的教学思想，可作为高等职业院校商贸类专业直播营销课程的教材，也可作为直播营销培训教材，还可作为直播从业人员以及有志于进入直播领域的创业者自学的参考读物。

图书在版编目（CIP）数据

直播营销实训教程：活页式／周茵，韦晓霞，王冬云主编．—武汉：华中科技大学出版社，2024.3（2024.12 重印）

ISBN 978-7-5680-9425-2

Ⅰ.①直… Ⅱ.①周… ②韦… ③王… Ⅲ.①网络营销 Ⅳ.①F713.365.2

中国国家版本馆CIP数据核字（2023）第166071号

直播营销实训教程（活页式）

Zhibo Yingxiao Shixun Jiaocheng（Huoyeshi）

周茵　韦晓霞　王冬云　主编

策划编辑：王　乾

责任编辑：王　乾

封面设计：原色设计

责任校对：刘　竣

责任监印：周治超

出版发行：华中科技大学出版社（中国·武汉）　　电话：（027）81321913

武汉市东湖新技术开发区华工科技园　　邮编：430223

录　　排：孙雅丽

印　　刷：武汉科源印刷设计有限公司

开　　本：787mm×1092mm　1/16

印　　张：13

字　　数：267千字

版　　次：2024年12月第1版第2次印刷

定　　价：59.80元

总 序

Introduction

当前，世界经济正向数字化和信息化转变。在数字经济的变革中，企业面临着从生产制造、供应链、市场营销到内部管理等多方面的数字化升级。营销的数字化转型是企业数字化升级的重要突破口，它能够快速、可量化地反映到业务增长上，实现拓客增收这一企业最核心的需求。数字化营销人才成为企业人才需求的热门。

为了更好地培养德智体美劳全面发展，掌握扎实的营销基础知识，具备市场战略分析、数字活动策划、互联网运营、全渠道营销等能力的高素质数字化营销技术技能人才，华中科技大学出版社与柳州职业技术学院合作，精心组织编审、编写团队，汇聚职业院校营销教学一线经验丰富的教授、学科带头人、一线骨干"双师型"教师和名师，以及市场营销、电子商务、网络营销等领域的业内专家共同参与"高等职业学校'十四五'规划财经商贸类精品教材"的编撰工作。

本套教材根据"十四五"期间高等职业教育发展要求，坚持三大方向，打造"项目实战型"特色教材。

（一）校企双元开发，凸显书证融通

系列教材以开设"市场营销""电子商务""网络营销与直播电商"等专业的高职院校为核心，校企双元开发，紧跟行业新变化，对接岗位标准和职业技能证书标准，吸纳新知识、新技能，体现职业教育"1+X"证书特色。

（二）企业项目实战，厚植思政根基

教材内容打破传统学科体系、知识本位理念，以工作过程为导向，以企业真实项目、典型工作任务、案例等为载体组织教学单元，突出应用性与实践性，同时贯彻落实党的二十大精神，深挖思政元素，有机融入思政教育和德育内容，做到德技双修。

（三）创新编写理念，编制融合教材

编者以纸数一体化为编写理念，依托华中科技大学出版社自主研发的华中出版资源服务平台，强化纸质教材与数字化资源的有机融合，配套教学课件、案例库、习题集、视频库等教学资源，同时根据课程特点，有选择性地开发活页式、工作手册式等新形态教材，以符合技能人才成长规律和学生认知特点。

期待这套凝聚高职院校一线骨干教师和营销行业精英智慧的教材，能够为“十四五”时期高职高专和高职本科财经商贸类专业的人才培养发挥应有的作用！

总主编

前　言

Preface

如今，随着互联网信息技术的高速发展，直播行业发展如火如荼，直播营销已经成为各行各业不可忽视的新的营销方式和经济增长点。

直播电商以低成本、高转化率等优势备受商家青睐，市场规模增长显著，仅用了4年时间就完成万亿级增长。数据显示，2021年我国直播电商市场交易规模达到23 615.1亿元，比2017年的196.4亿元增长了近120倍。2023年市场规模达37 749.5亿元。随着直播电商行业市场规模的增加，直播电商用户规模也在逐年稳定增加。数据显示，2021年我国直播电商用户规模达到4.3亿人，2022年直播电商用户规模达到4.73亿人，同比增长10%，2023年达5.55亿人。

总体看来，直播营销正在取代部分传统营销方式，成为很多行业都无法忽略的营销利器，是名副其实的营销“风口”，但与此同时，直播营销行业也面临着从业人员短缺的问题。很多企业急需直播营销人才，但现实则是，一方面，真正能胜任直播营销工作的人才不多，另一方面，很多非专业人士也想进入直播营销领域，却无从下手。

为了更好地满足财经商贸类专业学生、相关从业人员，以及有志于进入直播领域的创业者的学习需求，编者对接职业技能标准和岗位标准，以实战项目为载体，基于直播工作过程，构建四大工作模块十一个典型项目，建立系统化、项目化的实训内容体系，使读者能快速掌握直播营销三大核心岗位工作技能并将其用于实践。

本教材具有以下四大特色。

一、对标标准要求编排内容，有效实现岗书证融通

教材主要面向高职院校相关专业的学生和直播从业者，对标《互联网营销师国家职业技能标准》《电子商务直播营销人员管理规范》，以及《1+X直播电商职业技能等级标准（中级）》进行结构设计和内容编排，实现岗书证融通。

二、以真实直播营销项目为实战训练任务，注重实践能力的培养

教材以真实营销项目为实战训练任务载体，可以系统化、项目化地培养读者的综合实践能力，达到学完即能用的效果。

三、结合岗位特点有机融入思政元素，注重读者职业素养和职业道德的培养

教材在项目描述、项目目标、知识链接、任务评价等中根据项目内容和特点有机融入思政元素，助力学生在学习教材的过程中，树立正确的价值观，培养良好的职业道德，从而达到立德树人的目的。

四、开发多元化、立体化教学资源，注重读者自主学习能力和可持续发展能力的培养

教材以“实训指导书＋理论知识＋实战案例＋数字资源＋在线课程”为核心资源，构建起多元化、立体化教材资源体系，为读者提供多种学习载体和路径，在兼顾不同读者学习基础和特点的情况下，方便读者自主学习和实践。

本教材为校企合作共编教材，由柳州职业技术学院周茵负责全书体例和统稿，并完成项目一、项目三和项目十一内容的编写，韦晓霞负责思政体系设计和项目九内容的编写，王冬云负责教材汇总校对工作，何知航承担项目二内容的编写，覃小耘承担项目四内容的编写，王恬承担项目五内容的编写，李旻珺承担项目六内容的编写，韦孟颖承担项目七内容的编写，张丹承担项目八内容的编写，罗燕秋承担项目十内容的编写，朱晋晋（广西绘谱文化传媒有限公司）、周朝友（广西中柳食品科技有限公司）、江洪建（柳州短视频直播创业孵化基地）负责教材案例编撰，刘轶宏、王晓娟负责教材素材收集。教材在编写过程中参阅了大量文献资料，得到了柳州职业技术学院贸易与旅游管理学院领导和连锁经营管理专业老师们的大力支持，在此一并表示衷心的感谢。

虽然编者在编写过程中力求准确、完善，但教材中难免存在疏漏与不足之处，恳请广大读者批评指正，以使教材日臻完善。

编者

目　录

Contents

工作模块一
团队建设

随着新媒体技术的飞速发展，直播行业日益火热，有志于从事直播行业的个人和企业纷纷“入局”。然而，直播仅仅依靠一个人单打独斗是很难突出重围的，一场好的直播需要直播团队成员之间各司其职、默契配合，才能保证直播有条不紊地进行。团队建设主要包括直播团队组建和主播IP打造两项工作。

项目一　直播团队组建

项目描述

小王是一名来自农村的某高职院校商贸类专业学生,希望将所学的直播营销专业知识学以致用,通过直播营销宣传,推广家乡的农特产品,用自己的专业知识和技能为振兴家乡经济出一份力。然而,仅凭小王一己之力是无法顺利完成一场直播活动的,他需要在了解直播工作流程、岗位设置和工作内容的基础上,组织志同道合的同学,组建一个岗位设置合理且分工明确的直播团队。

项目目标

知识目标

1. 熟悉直播工作流程的相关知识;
2. 掌握直播团队各工作岗位职责;
3. 掌握直播团队人员配置的不同方案。

能力目标

能够组建岗位设置合理且分工明确的直播团队。

素养目标

1. 培养学生的团队合作意识;
2. 培养学生爱岗敬业的精神。

任务导图

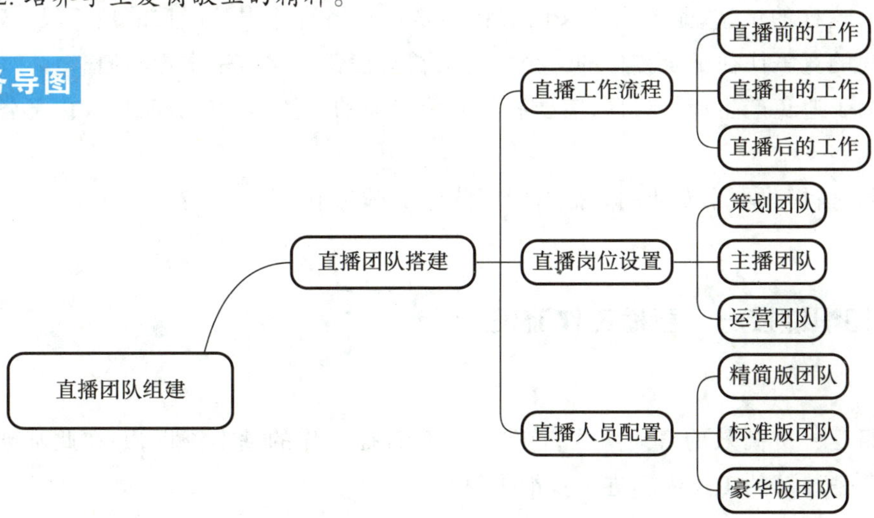

项目成果

直播团队成员岗位分工思维导图

实战训练任务1-1　直播团队搭建

核心概念　直播团队

任务目标　根据直播工作流程、岗位设置和工作内容，完成直播团队组建工作。

任务导入　直播营销关键元素包括“人、货、场”，其中“人”不仅是镜头前面的主播，更包含镜头背后的整个直播团队。作为新兴行业，直播营销方面的从业者大多是跨行而来，很多新“入局”的企业在组建直播团队时，经常会出现以下三个误区。

误区一：把主播当成直播间的核心。

很多直播营销项目的负责人认为，在直播间里需要依靠主播“吆喝”才能卖货，所以主播应是整个直播间的核心。这个问题，可以换个角度思考。例如在线下的卖场中，导购会是最核心的角色吗？如此，答案不言自明，除非主播自己就是老板，或者主播本身已经是IP达人，否则就不是团队的灵魂人物。一般来说，负责整个直播营销活动的操盘手，才是关键人物。

误区二：认为随便找几个人就能做好直播。

这一误区往往出现在从事电商业务的企业负责人之中，在不了解直播营销整体情况下，他们会认为，从已有团队里抽调人力，就能做好直播营销工作。甚至有的小企业，直接让行政人员或其他形象气质较好的员工去当主播，由一个运营负责人身兼助播、客服、场控等多个角色，这样的团队其实非常脆弱，常常播不了几场，团队就会因为运营问题而解散。

误区三：认为一个人单打独斗就能做好直播。

有些人看到直播带货行业红火，计划自己一个人先起步，等赚钱了以后再扩大团队。这样的试错，是没有意义的。特别是在直播行业内卷严重的现阶段，各直播间之间的竞争往往是全方位的。个人主义在直播营销领域基本行不通。

为了避免产生以上误区，需要我们厘清专业的直播团队的分工以及内部各角色的协作。

思考：搭建一个专业的直播营销团队应从哪几个方面入手？

知识链接一　直播工作流程

组建一个高效的直播团队，首先要了解直播工作的基本流程，并在此基础上对直播营销涉及的工作内容进一步细化。

1. 直播前的工作

(1)主播IP打造。

主播是直播团队中的重要一员，主播IP的打造对直播带货的效果起到重要作用。IP是Intellectual Property的缩写，中文直译是知识产权，主播IP则是指主播的个人特色，同样具有个人知识产权的特征，是识别主播的符号。主播通过不断输出专业内容，在内容中展现自己独特的风格，逐渐形成个性化标签，让自身的定位更加鲜明、立体，久而久之就会形成人物IP。打造成功的主播IP可以增加直播带货的商品的附加值，吸引精准流量，建立和深化主播与粉丝间的信任关系，这些都是促进直播商品订单转化的利好因素。

(2)直播商品选品。

直播营销的三要素是“人、货、场”，前面简要介绍了“人”，而“货”则指的是直播营销过程中要推荐或销售的商品。商品的选择和规划是直播营销的起点，要想提高直播间的商品转化率，一定要善于选品，合理规划商品的定价、结构、陈列、上架顺序等，并精细化配置和管理直播间的商品。

(3)直播内容策划。

直播营销活动并非一场简单的小型直播活动，如果没有清晰的直播营销方案作指导，直播营销活动很可能无法达到预期的营销目的，甚至无法顺利地进行。因此，在直播营销活动之前，直播运营团队必须先理清直播营销的思路，制定合理的直播营销方案，然后根据直播营销方案有目的、有针对性地开展直播营销活动。

(4)直播脚本撰写。

撰写优质的直播脚本是直播活动成功的关键因素之一。直播脚本的作用是提前规划直播内容和活动，梳理直播流程，把控直播节奏，使直播活动按照直播团队预想的方向有序进行。简而言之，直播脚本可以使主播及直播团队的其他成员明确一场直播的时间安排，以及自己在直播过程各环节需要完成的工作，同时明确与团队其他成员之间的配合。

(5)直播场景设计。

直播场景设计影响着直播画面的整体呈现效果，直播间的环境布置给用户的第一视觉感受影响着用户对直播活动的体验。直播间的设计风格一定要与主播的特点吻合，与主播性格匹配度越高，就越有代入感，容易使用户沉浸在直播间的氛围中。如果是电商直播，直播间的风格最好与企业形象或品牌气质保持一致，这样能够加深用户印象，增加辨识度。

(6)直播前预热引流。

直播前的预热可以吸引更多的用户进入直播间，从而更大程度地宣传直播活动。如果预热不到位，正式直播时用户数量太少，那么商品的订单转化率就会非常低。直播预热是为了让用户提前大致了解直播的内容，这样对直播感兴趣的用户就可以在直播时及时进入直播间，从而提高直播间的在线人数。

2. 直播中的工作

(1)直播单品介绍。

直播营销的终极目的是把商品销售出去,所以主播在直播时要对商品做好全面介绍,展示商品的完整形象。在介绍商品时,主播要遵循两个原则:一是对商品进行全方位的展示;二是商品描述(如商品的功能、材质、规格等)要准确。不同品类的商品特性不同,因此,主播需要根据商品特性有针对性地讲解,从而引起用户的购买兴趣。

(2)直播现场互动。

直播时主播不能只顾自己说话,一定要引导用户热情地互动,带动直播间的气氛。直播间的热烈氛围可以感染用户,吸引更多的人进直播间观看直播。直播间的互动方法有很多,如发红包、抽奖、"连麦"、促销活动等。主播通过直播吸引用户关注并不是最终目的,而是促进直播转化的重要途径。

(3)直播销售促单。

直播带货的最终目的是促使用户下单购买商品,以提升商品转化率。直播销售促单的作用是通过灵活运用销售技巧打消用户的顾虑,取得用户的信任,并通过营造商品稀缺感和紧迫感,以及提供优惠等方法刺激用户购买商品的欲望,引导用户下单购买商品。

(4)直播中二次引流。

直播中的实时在线人数是不断发生变化的,用户在直播间观看一段时间或者下单后就会离开直播间,因此直播过程中需要不断引入新的流量,维持实时在线人数,提高商品销量。

3. 直播后的工作

(1)直播后传播引流。

直播营销活动并不是一次性的,而应持续不断地推进。在每次直播结束后,直播运营团队需要将直播活动中的精彩片段进行二次加工,将其添加到推广软文中或者剪辑成短视频,并发布到各大自媒体平台,最大程度地放大直播效果,使没有及时观看直播的用户了解此事,为后续的直播活动持续引流。

(2)直播营销复盘。

要想持续优化直播效果,直播团队就需要及时进行直播复盘,对直播流程进行梳理,记录并分析直播数据,对整场直播进行总结与反思。在分析问题后,直播团队应对不足之处加以改进优化并在下一场直播中实施。数据分析可以为直播复盘提供数据依据,数据运营人员可以对自身直播数据进行分析,也可以对整个行业的数据进行分析,从而为直播营销提供决策支持。

知识链接二　直播岗位设置

直播岗位由策划团队、主播团队、运营团队三大部分组成。

1. 策划团队

策划团队包括编导和场控两个岗位，其主要职责如下。

(1)编导。

编导负责确定直播目标和主题、策划直播活动、撰写直播脚本，以及规划直播场景呈现等。

(2)场控。

场控负责直播间软硬件设备的搭建与调试；直播中控台的后台操作，包括商品链接推送、商品上下架、直播公告推送、发送红包和优惠券、进行抽奖送礼等；监测直播实时数据，将异常情况及时反馈给主播及运营，接收并传递双方信息；维持直播间秩序、把控直播间节奏等。

2. 主播团队

主播团队是直播的实际执行者，其工作内容是展示商品，与用户互动，并在直播后做经验复盘，反馈信息，以优化和提升直播效果。主播团队一般包括主播、副播、助理和客服，其主要职责如下。

(1)主播。

主播负责整场直播，熟悉商品信息，介绍并展示商品；与用户互动，活跃直播间气氛；介绍直播间福利及促销活动；复盘直播内容等。

(2)副播。

副播协助主播介绍商品，与主播配合说明或演示直播间活动规则；补充主播遗漏的关键信息，引导用户关注和下单；主播有事离开时担任临时主播等。

(3)助理。

助理配合直播间的现场工作，负责摆放直播间的商品和道具、物料等；配合主播完成场外互动；在直播过程中配合场控提醒主播关键时间节点及注意事项。

(4)客服。

客服配合主播与用户进行弹幕互动和答疑；修改商品价格，登记获奖用户信息，以及解决商品售后、发货问题等。

3. 运营团队

运营团队一般包括商品运营、内容运营和数据运营，主要负责直播活动的正常运作，其主要职责如下。

(1)商品运营。

商品运营负责收集和整理商品相关信息，进行直播商品的评估和选择，规划商品配置比例、结构、价格和库存配置等。

(2)内容运营。

内容运营负责直播前期、中期、后期宣传推广内容的设计、制作和发布,以及粉丝管理等。

(3)数据运营。

数据运营负责直播数据的收集、整理和分析,并针对数据分析中发现的问题提供直播过程的优化建议,同时可以为直播复盘工作提供数据支撑。

知识链接三　直播人员配置

1. 精简版团队

如果企业或者个人预算不高,可以组建一个精简版直播团队。根据工作职能,团队需要至少设置1名主播、1名运营,其人员设置和职能分工如表1-1所示。

表1-1　精简版团队人员职能分工

人员分工	运营1人（核心）				主播1人
工作内容	商品运营	内容运营	编导＋助理	场控＋客服	直播
分工细节	1. 营销任务分解 2. 商品选择 3. 品类规划 4. 结构规划 5. 陈列规划 6. 直播间数据运营	1. 商品权益活动 2. 直播间权重活动 3. 粉丝分层活动 4. 引流活动策划	1. 整场活动脚本 2. 单品脚本 3. 关注话术脚本 4. 控评话术脚本 5. 封面场景策划 6. 妆容、服饰、道具等	1. 直播设备调试 2. 直播软件调试 3. 保障直播视觉效果 4. 修改商品价格、发券、发红包、抽奖、配合主播表演 5. 后台回复、场外互动 6. 数据即时反馈	1. 熟悉整场活动脚本 2. 熟悉单品脚本 3. 直播不同阶段话术 4. 控制直播节奏 5. 做好直播复盘 6. 总结话术、情绪、表情、声音等

精简版团队人员配置方式对运营人员的要求很高,必须是全能型人才,同时担任编导、场控、助理、客服、运营等岗位的工作。换言之,运营人员不但要懂数据分析,还要懂商务、会策划、能控场,并掌握一定的销售技巧和沟通技巧,能够自如地在直播过程中转换不同角色,这样才能保证直播的质量。

而只有1名主播的弊端在于团队无法进行连续直播,一旦主播有问题不能开播,会影响直播的正常进行。同时,该配置下主播需要参与直播工作的所有环节,并与运营人员默契配合，才能提高工作效率，产生好的直播效果。因此，建议在1名主播和1名运营人员的基础上，增设1名策划人员，负责直播的整体策划工作（见图1-1）。

图1-1　精简版团队

2. 标准版团队

企业或专业人士如果预算充足或业务规模变大，一般会按一场直播所需要的完整流程的所有职能岗位组建标准版直播团队。其人员设置和职能分工如表1-2所示。

表1-2　标准版团队人员职能分工

人员分工	运营2人	策划1人		场控1人	主播1人
工作内容	商品运营＋数据运营	内容运营＋编导＋助理		场控	直播
分工细节	1.营销任务分解 2.商品选择 3.品类规划 4.结构规划 5.陈列规划 6.直播间数据运营	1.商品权益活动 2.直播间权重活动 3.粉丝分层活动 4.引流活动策划	1.整场活动脚本 2.单品脚本 3.关注话术脚本 4.控评话术脚本 5.封面场景策划 6.妆容、服饰、道具等	1.直播设备调试 2.直播软件调试 3.保障直播视觉效果 4.修改商品价格、发券、发红包、抽奖、配合主播表演 5.后台回复、场外互动 6.数据即时反馈	1.熟悉整场活动脚本 2.熟悉单品脚本 3.直播不同阶段话术 4.控制直播节奏 5.做好直播复盘 6.总结话术、情绪、表情、声音等

标准版直播团队通常由5—6人组成，团队围绕主播开展工作。在条件允许的情况下，可以为主播配置1名副播或1名助理，协助主播完成直播执行过程中的所有工作（见图1-2）。

图 1-2　标准版团队

3. 豪华版团队

随着直播业务的发展壮大，业务需求逐渐增多，如果资金充足，企业可以组建一个人员更多、分工更细化、工作流程更优化、更加成熟完善的豪华版直播团队（见图 1-3）。

图 1-3　豪华版团队

豪华版团队一般见于较大的企业、MCN（Muti-Channel Network）机构或超级头部主播，其人员设置和职能分工如表 1-3 所示。

表 1-3　豪华版团队人员职能分工

主播团队（3人）	主播	1.开播前熟悉直播流程、商品信息，以及直播脚本内容 2.直播时介绍、展示商品，与用户互动，活跃直播间气氛，介绍直播间福利及促销活动 3.直播结束后，做好复盘，总结话术、情绪、表情、声音等
	副播	协助主播介绍商品及直播间活动规则，引导用户关注和下单，主播有事时担任临时主播
	助理	1.准备和摆放直播商品、使用道具等 2.协助配合主播完成场外互动，配合场控提醒主播关键时间节点及注意事项
策划（1人）	规划直播内容，确定直播目标和主题，做好直播前的预热宣传，规划好开播时间段，做好直播间外部引流和内部用户留存等工作	

续表

编导（1人）	编写整场活动脚本、单品脚本、关注话术脚本、控评话术脚本，做好封面场景策划、妆容服饰道具等工作
场控（1人）	1.做好直播设备（如摄像头、灯光等）及相关软硬件的调试 2.负责直播中控台的后台操作，包括商品链接推送、商品上下架、直播公告推送、发送红包和优惠券、进行抽奖、送礼等 3.监测直播实时数据，将异常情况及时反馈给主播及运营，接收并传递双方信息 4.维持直播间秩序、把控直播间节奏等
运营（2人）	营销任务分解、商品选择、品类规划、结构规划、陈列规划、直播间数据运营、引流活动策划、粉丝分层管理等
店长导购（2人）	辅助主播介绍商品特点，强调商品卖点，为用户“种草”①商品，同时协助主播与用户互动
拍摄剪辑（1人）	负责图片及视频拍摄、剪辑（直播花絮、主播短视频，以及商品的相关信息），辅助直播引流工作
客服（2人）	1.配合主播与用户进行弹幕互动和答疑 2.修改商品价格，登记获奖用户信息，以及解决商品售后、发货问题等

任务实施

步骤1　按照标准版直播团队人员设置要求寻找团队成员，组建直播实战团队，对每个团队成员擅长的技能及匹配岗位进行初步分析，并制成团队成员分析表（见表1-4）。

表1-4　团队成员分析表

序号	成员	擅长技能	匹配岗位	原因分析

步骤2　根据直播工作流程和各岗位工作内容，进行团队内部讨论，最终确定每个团队成员的岗位分工及职责，完成直播团队成员岗位分工思维导图。

任务评价

以小组为单位进行评价，具体评价指标见表1-5。

①“种草”是一种网络流行的词语，源于中文互联网用语，形容某人或某事物成功地引发他人购买欲望或兴趣的行为。通常，一位网红、主播、博主或社交媒体上的个人通过展示、推荐或评价某种产品、服装、化妆品、美食等，成功激发了用户或听众的购买冲动，导致他们对该产品产生兴趣并希望购买，这就被称为“种草”。

表 1-5　指标评价表

评价指标		评价内容	评价对象	评价手段
任务评价	职业技能（70%）	直播团队组建相关知识（10%）	个人	在线课程平台数据
		团队成员技能分析能力（20%）	团队	课程教师/其他团队/企业专家
		团队成员与岗位匹配分析能力（20%）	团队	课程教师/其他团队/企业专家
		思维导图综合应用能力（20%）	团队	课程教师/其他团队/企业专家
	职业素养（30%）	岗位设置和分工合理情况（10%）	团队	课程教师/企业专家
		精益求精、严谨认真（10%）	团队	课程教师
		团队协作情况（10%）	个人	课程教师/ 团队成员互评/自评

任务小结

(1) 在团队合作中，基本不存在绝对平均的工作。因此，在团队合作过程中，同学们一定要想清楚自己的目标是什么，如果是为了提升自己的能力，那么承担的任务越多，越能锻炼自己的技能。

(2) 管理者要注意控制直播营销的财务成本，特别是新入行的公司，要尽可能招聘一专多能的员工，例如既能做运营，也能做主播；或者既能做策划，也能做场控或运营的人才。

(3) 对于新成立的直播团队来说，最好从垂直于某个类目入手开启直播业务，如从零食饮料等快消品入手，那么在选择团队成员时首先应当考虑其是否有相关行业经验。

(4) 直播团队建立初期，团队成员基本都情绪积极，氛围很好，但这种初创团队的热情不久就会消散。只有统一的意识、明确的分工和合理的管理机制，才能让团队走得更远。

(5) 直播营销从兴起至今时间尚短，大部分有经验的直播运营人员是从店铺运营人员或娱乐经纪人等转行而来，目前人才缺口较大。有经验的直播运营，对于各大直播机构、直播供应链、直播店铺等，都有非常重要的价值。

课后训练

二维码在线答题

拓展任务

根据岗位分工，团队讨论制定团队的日常管理制度以及激励方案。

项目二　主播IP打造

项目描述

主播IP是指具有特殊定义的行为和符号，是一种个人形象的展示标签，一个超级个人IP可以快速让用户识别，并形成“粉丝”，这是直播过程中的核心内容之一。IP作为一种文化和内容具象化的标签，可以体现在直播的各个环节中，帮助主播快速找到精准流量，也可以获取用户，提升主播人气。

主播IP打造主要包括主播IP设计和主播IP建设两个方面。精准识别不同类别的主播，实现主播IP设计的类型精准选择是主播IP打造的起点，清晰地符合目标客户需求的IP可以帮助主播提升人气并增强订阅用户的黏性。主播IP建设是根据主播IP设计来全方位打造主播形象的过程。

小王的直播团队组建之后，需要根据主播自身特点进行形象定位和标签设计，并进行直播账号装修，培养主播直播的基本能力，最终打造出具备自身特色的主播IP，形成具有差异化的直播团队。

项目目标

知识目标

1. 掌握主播IP类型及设计内容；
2. 掌握主播IP的建设方法。

能力目标

1. 能根据个人特点设计主播IP形象；
2. 能设计主播IP特色的话术和IP关键词；
3. 能使用主播IP建设方法设计主播开场介绍话术；
4. 能根据直播IP打造方法建设主播IP。

素养目标

1. 培养团队合作精神；
2. 树立正确的主播IP形象。

任务导图

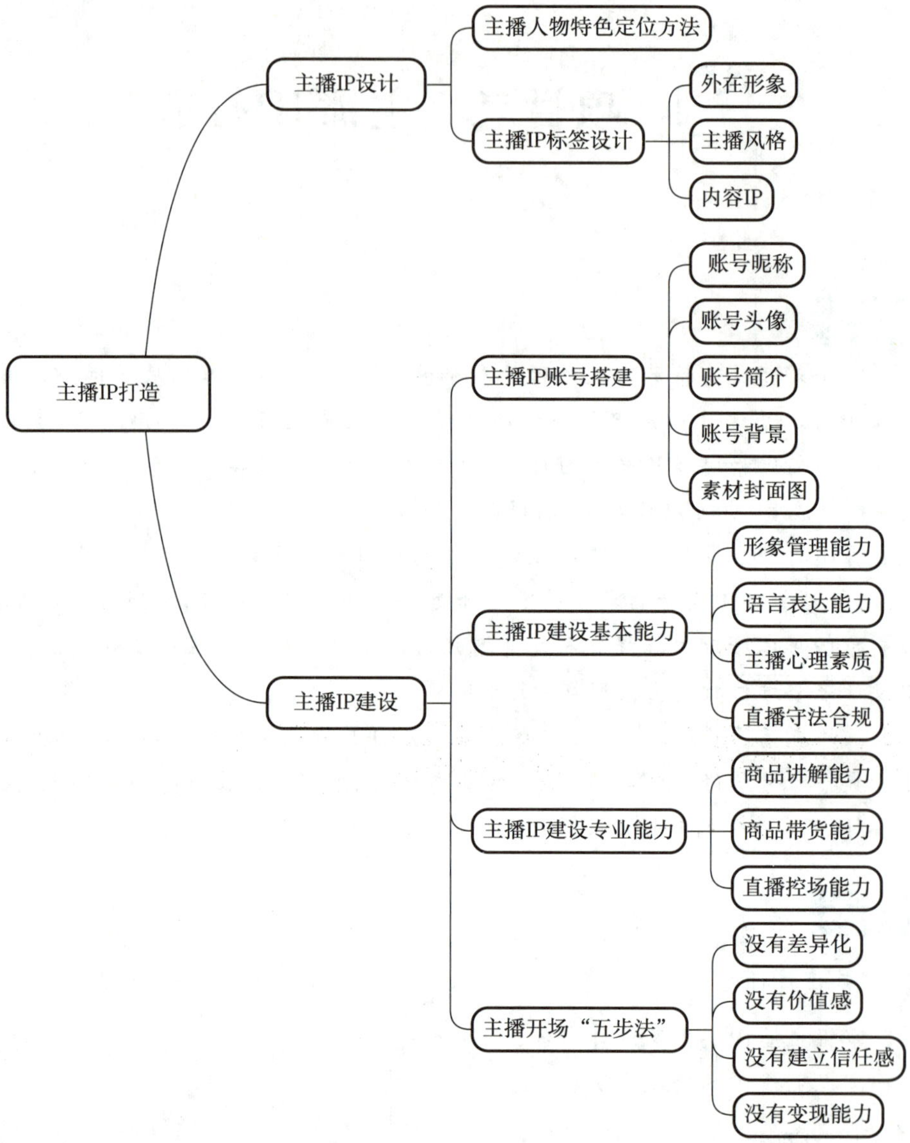

项目成果

1. 主播 IP 设计方案
2. 主播 IP 建设方案

实战训练任务 2-1　主播 IP 设计

核心概念　主播 IP 设计方法

任务目标　能够根据带货型主播的 IP 特点设计主播的个人 IP。

任务导入　随着直播成为一种广泛应用的营销方式，越来越多用户开始接受主播IP这一新兴概念。除了各大电商平台的头部知名主播，在各个分类中也都会存在具有鲜明特色的主播IP。作为初入直播营销行业的新手主播，设计IP时既要了解现阶段知名主播的共同特征，也需要在差异化中找到适合自己的类型。

请阅读材料并回答材料后的问题。

“大家好，欢迎来到‘桃桃下乡记’的直播间。今天我们带来的是大团蜜露桃，每只重半斤多，汁水饱满且非常甜，赶紧下单尝一尝吧！”2023年7月，某学院的学生组建了一支桃桃电商“三下乡”助农暑期社会实践团队。这群“00后”大学生打造了“田野调查＋创意短剧＋直播带货＋电商培训＋产品推广”的营销模式，拓宽了农户的销售渠道，提升了大团蜜露桃的产品知名度，获得了不错的成效。

项目组的同学们在深入了解当地桃文化历史、种植常识、市场现状后，在直播话术设计、营销策略策划、直播场景设置等方面做了充分的准备。直播开启后，“带货主播们”如数家珍地介绍蜜露桃的生长情况，讲述一颗颗蜜露桃背后的生长故事，玩起了在线花样试吃，还又唱又跳地表演才艺，可谓拿出了十八般武艺，为推广大团蜜露桃产品贡献了青春之力。某学生化身主播，开展了试吃介绍，并参与了“桃桃点歌房”“团团舞蹈秀”等才艺展示环节。“一开始上镜我感到有些紧张，不过，随着不断完善直播技巧和内容，我现在能以平常心去完成直播了。”他坦言，能通过自身专业所学，为乡村振兴事业出一份力，能帮助到他人，是一件快乐且有价值的事。在大团蜜露桃上市期间，直播助农项目组先后发布创意短剧8条，浏览人次12 392人，在线观看直播达2 392人次，直播间收获点赞18.5万，营业额达到1.2万余元。“大学生将专业所学和个人特长相结合，利用暑假深入到田间地头开展社会实践，效果很好。”项目团队指导教师表示，希望桃桃电商助农团队未来可以持续运营，同时带动更多学生一同参与，为乡村振兴注入青春力量，利用所学帮助当地农业助销、助推、助培，让特色农产品能够走入千家万户。

思考：根据材料，请问这位学生主播展示了什么样的主播IP？

知识链接一　主播人物特色定位方法

主播IP常见的人物特色定位有以下4种。

(1) 工厂、供应链源头、品牌方、企业和公司老板/高管/销售人员。此类人群的主播IP设计主要体现的是厂家的销售人员的形象，这种IP设定的目的主要是实现产品的公司品牌背书，提升相关公司品牌的用户转化率。

（2）批发市场档口批发商、实体店主/店长/销售人员。此类人群的主播IP设定可体现的特色是自营老板、个体经营者的IP定位。在设定主播IP的过程中，可以利用人物自身所在的现场环境和供应产品的相关经验包装IP。

（3）农村基地/自加工农产品的经营者/销售人员/村播。此类人群是农产品电商的一个重要分支，尤其对于在家乡创业直播的青年主播，可以利用自身农产品所在地村民的形象身份背景，来打造相关IP。

（4）好产品/好服务/好人/好事/好物/好去处的推荐官/分享者。此类人群的相关分享要体现产品品类的特殊性和推荐的专业度，主播IP设计可以从提供用户优质好价产品出发，将其作为IP设定的核心标签。

主播可以根据自己所拥有的资源和个人特点按照上述类别对自己的IP定位进行分类。在确定好类别后，可以围绕以下5个维度来构建自己的主播IP，具体内容如表2-1所示。

表2-1 主播IP定位维度

IP定位维度	说　　明
我是谁	1.确定身份，如发起人、创始人、传播者、联合创始人等 2.确定形象，使形象统一，增加识别性 3.直播间的名字要与主题呼应，信息明确
面向谁	用户群体的地域、年龄、性格、偏好、收入状况、消费能力
提供什么内容	突出自己的核心竞争力，如推荐的商品质优价廉
发布在什么地方	1.电商类，如淘宝、京东、拼多多等 2.短视频类，如抖音、快手等 3.线下类，如供应链基地、实体店等
解决什么问题	1.解决用户痛点 2.提供品质好货

知识链接二　主播IP标签设计

主播IP其实是多个标签的组合，符合定位的标签可以完善主播IP。设计具有强烈的个人色彩且正向的标签，可以吸引更多粉丝，深化粉丝对主播IP的认知，见图2-1。

主播IP标签设计的维度主要有外表、性格、兴趣、职业、语言和品类6个方面，如表2-2所示。

图2-1　独具特色的主播形象

表2-2　主播IP标签设计的维度

标签维度	说　明
外表	固定的形象特征、穿着风格、特色装饰物等
性格	直播时固定的语言风格、情绪状态
兴趣	兴趣特长、特殊偏好
职业	个人专业、工作行业
语言	口头禅、语调语速、个人特色开场话术和结束话术
品类	产品偏好、产品价格

任务实施

步骤1　收集5位不同直播平台实战项目同类产品的头部主播IP信息，分析其IP定位和标签设计特点，并制成表格（见表2-3）。

表2-3　头部主播IP信息表

分析维度		主播1	主播2	主播3	主播4	主播5
IP定位	名称/身份					
	用户群体					
	核心竞争力					
	直播平台/地点					
	提供价值					
主播IP标签	外表					
	性格					
	兴趣					
	职业					
	语言					
	品类					

步骤2　参考收集的不同平台头部主播IP分析结果，结合主播自身的资源和个人特点，完成主播IP定位设计方案（见表2-4）。

表 2-4　主播 IP 定位设计方案

IP 定位维度	说　明
我是谁	
面向谁	
提供什么内容	
发布在什么地方	
解决什么问题	

步骤 3　根据主播 IP 定位设计方案，完成主播 IP 标签打造方案（见表 2-5）。

表 2-5　主播 IP 标签打造方案

标签维度	说　明
外表	
性格	
兴趣	
职业	
语言	
品类	

任务评价

以小组为单位进行评价，具体评价指标见表 2-6。

表 2-6　指标评价表

<table>
<tr><th colspan="2">评价指标</th><th>评价内容</th><th>评价对象</th><th>评价手段</th></tr>
<tr><td rowspan="7">任务评价</td><td rowspan="4">职业技能（70%）</td><td>主播 IP 设计相关知识（10%）</td><td>个人</td><td>在线课程平台数据</td></tr>
<tr><td>信息收集分析能力（20%）</td><td>团队</td><td>课程教师/其他团队/企业专家</td></tr>
<tr><td>主播 IP 定位设计能力（20%）</td><td>团队</td><td>课程教师/其他团队/企业专家</td></tr>
<tr><td>主播 IP 标签打造能力（20%）</td><td>团队</td><td>课程教师/其他团队/企业专家</td></tr>
<tr><td rowspan="3">职业素养（30%）</td><td>主播 IP 选择的精准度（10%）</td><td>团队</td><td>课程教师/企业专家</td></tr>
<tr><td>精益求精、严谨认真（10%）</td><td>团队</td><td>课程教师</td></tr>
<tr><td>团队协作情况（10%）</td><td>个人</td><td>课程教师/团队成员互评/自评</td></tr>
</table>

任务小结

新手主播创建个人 IP 需要特别注意以下 3 个方面。

1. 外在形象

形象是个人 IP 打造的第一步，应遵循两个原则：特征鲜明和匹配度高。特征鲜明是指自身与他人的区别，找准适合自己的特征可以使粉丝过目不忘。如果形象没有特征，则可以使用一些引人注目的道具作为辅助。匹配度高是指人、商品、领域相互间协调度高。例如户外农业特色直播，不适合着西装和正装皮鞋；直播知识讲座，则应着正装，以此凸显自身专业的形象。

2. 主播风格

主播的风格标签应根据自己的个性、兴趣和爱好进行定位，无论什么风格，都需要与粉丝有良好的互动。新手主播可以逐一列出自己的个性和爱好，然后找到自己的风格定位，在直播过程中加强呈现程度，从而建立粉丝高度认可的直播风格。主播风格建立后往往会形成忠实的粉丝群体，他们会愿意进入直播室进行互动。主播风格会为整场直播营销活动烘托出特定的气氛。

3. 内容IP

建立个人IP还有一个重要的一环，便是内容IP的打造，是主播锚定在垂直领域后向粉丝输出的某种专业价值。内容IP通常与产品联系在一起。通过构建内容IP，建立自身锚定在该领域的专家或意见领袖形象，使粉丝因为信任主播而产生购买行为。这也是主播建立产品和粉丝黏性的最佳方式。内容IP更适合美容化妆品、科技产品、服装、农产品、土特产、知识服务产品、文化旅游产品等领域。

1+X证书直通车

《1+X直播电商职业技能等级标准（中级）》对主播IP设计的职业技能要求如下：

能根据商品特征和目标用户定位，匹配合适的主播，确定主播服饰与妆容。

课后训练

二维码在线答题

拓展任务

在不同直播平台收集五位农特产品带货头部主播IP信息，分析其IP定位和标签设计，结合主播自身的资源和个人特点，完成农特产品带货主播IP设计方案。

实战训练任务2-2 主播IP建设

核心概念 主播IP建设方法

任务目标 掌握主播IP建设的基本方法，能根据直播开场“五步法”编制符合主播IP形象的开场话术。

任务导入 优秀的直播开场是成功建设主播IP最直接的方式。此处以东方甄选直播间的主播为例。作为扎根乡村农产品的主播IP，在整个直播的开场过程中，融入和主播IP相关的内容能给直播间的用户留下深刻的印象。

请阅读以下资料并思考材料后的问题。

东方甄选在抖音的日常直播中，开启了“东方甄选北京平谷行”专场直播活动，直接将直播间“搬”到了北京平谷桃园开启第二现场，向全国网友推荐平谷大桃。

一场别开生面的无人机航拍，把直播间的背景切到了壮美的万亩桃园。翠绿的桃树上硕果累累，粉红的蟠桃、金黄的油桃、圆圆的毛桃正在吸收阳光能量茁壮生长。

“看到桃，我想到了‘桃花流水鳜鱼肥’‘人面桃花相映红’这些诗句的美景。”直播伊始，主播就结合唐诗宋词，向直播间的用户讲述起了关于桃的美丽意象、美妙口感。

本次东方甄选平谷直播，上架销售黄油桃、黄油蟠桃、黄毛蟠桃、毛蟠桃、毛圆桃5种当地应季特色鲜桃。为了直观展示鲜桃，主播带着网友们一起“在线下地”，在果园边漫步边讲解。这种“现摘现讲”的新颖直播方式，在短短半小时内吸引了大量网友围观，同时在线观看人次一度高达30万人。本次活动储备的1万单鲜桃，开场7分钟迅速卖空。广大网友们甚至开玩笑地说：“把桃树挂上链接！”更多人留下评论表示，第一次通过直播感受到农业之美，“虽然抢不到桃子，但是看得心潮澎湃，希望主播带我们走遍大江南北！”

思考：根据材料，请问主播IP可以从哪些方面进行建设？

知识链接一　主播IP账号搭建

主播IP账号搭建涉及账号昵称、账号头像、账号简介、账号背景、素材封面图5方面内容（见图2-2）。

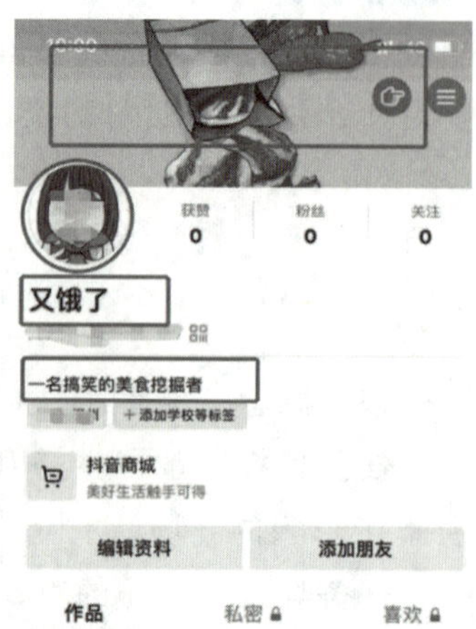

图2-2　主播IP账号搭建要素

1. 账号昵称

合适的账号昵称可以彰显主播的个性，并将直接影响直播间用户对主播的第一印象。用户可以通过账号昵称了解直播间主播的主要直播内容，从而判断该直播是否对其有吸引力。

账号昵称要求通俗易懂、突出IP、避免重复、充满个性，不仅要体现个人特点，还要朗朗上口，让用户能脱口而出，便于记忆和检索。一般来说，可以使用“名称＋类目关键词＋核心突出点”

的方式来确定账号昵称。同时需要注意以下几点：

(1) 账号昵称的字数最好不超过5个；

(2) 账号昵称要避免出现多音字；

(3) 尽量不要使用英文或特殊符号；

(4) 一旦确定好账号昵称，一般情况下不要更换，且保持多平台账号昵称统一。

2. 账号头像

账号头像是主播的一张名片，代表着主播的形象和风格，要求头像图片清晰、主题突出、与账号定位一致。主播可以根据实际情况使用本人照片、内容角色照片、动漫形象、LOGO或由账号昵称设计而成的图片。

3. 账号简介

账号简介可以体现账号的定位，是对昵称的一种补充，应用简洁的语句说明账号的侧重方向。账号简介一般包括主播IP、主播类型、联系方式或粉丝团加入方式等内容，也可以根据实际情况，选择不同的写法。但是总的原则是要突出主播价值，并让用户快速明晰主播定位，吸引其关注主播。

4. 账号背景

账号背景图要求图像清晰、主题突出、与账号定位一致。主播可以根据实际情况使用产品或与产品使用场景相关的图片。比如美食主播账号，其背景图可以选择各类美食；旅游主播账号，其背景图则可以是美景；教育主播账号，其背景图可以是书籍学习类的图。

要注意的是，背景图一定要和主播以及直播间的风格相一致，这样才能放大直播效果。同时还要注意背景图片尽量不要出现杂乱信息和广告信息。这些信息不仅会影响用户对直播内容的判断，还可能会引起用户反感，从而降低直播效果。

5. 素材封面图

素材封面图指的是账号发布的视频、图片或博文在主播账号主页的呈现效果图。素材封面图应保持风格统一，如图2-3所示。

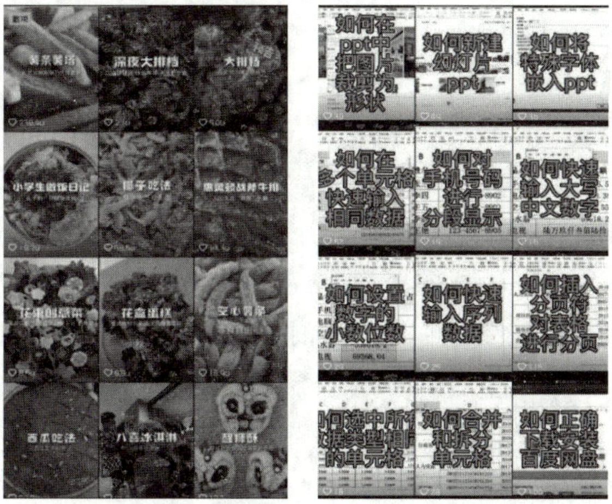

图2-3　风格统一的素材封面图

知识链接二　主播IP建设基本能力

1. 形象管理能力

主播的形象既是主播和商品匹配的桥梁，也是用户观看过程中最直观的视觉体现，所以良好的主播形象可以吸引更多用户观看。同时，用户观看过程中也会将主播的形象与商品关联，用户对直播间的商品的评价也会因为主播的形象不同而有所不同。如图2-4所示，衣着朴素的家庭主妇形象与日常食材很匹配，主播良好的、亲切的形象会为直播的商品带来用户好感度的加分，同时也会提高商品转化率。

图2-4　与日常食材相匹配的主播形象

2. 语言表达能力

语言表达能力具体指主播在直播时发音标准、用词准确、语意明白、语句简洁、文理贯通、合乎规范，能把客观的概念表述得清晰、准确、连贯、得体，没有语病。在直播过程中，主播还可以发挥自身的幽默感和亲和力，营造直播间氛围，使用户从直播中获得乐趣。

因此，良好的语言表达能力能够使主播的内在魅力与外在形象达成统一，从而吸引更多用户关注。

3. 主播心理素质

主播在直播过程中需要提升自己的心理素质。一个专业的带货主播在直播过程中会面对各种无法预料的风险和压力，同时也会成为很多社会问题的发泄出口，对于主播来说要具备良好的心理素质，从而可以自如应对各种挑战。从主播IP建设的角度来说，主播应该具备以下三方面的心理素质。

(1)充满自信。

自信的主播能够给用户留下积极、可靠和专业的印象，从而建立与用户的信任关系，吸引更多用户参与直播。同时，自信心可以帮助主播在直播过程中更好地应对各种挑战和压力，减少恐慌和顾虑的情绪干扰，保持流畅和自如的表现。此外，自信的主播在直播中往往会表现出更好的演讲技巧和说服力，能够更有魅力地传递商品信息，引发用户的共鸣和兴趣。

（2）恪尽职守。

每一个新主播在初期都会经历“无人观看”或者“少人观看”的状况，哪怕整个直播间一个用户也没有，主播都必须尽职尽责，认真地完成直播。新手主播暂时无法拥有太多的直播经验，但是一定要有专业的直播精神。一定要时刻记住，哪怕直播间暂时无人问津，也必须用最佳的状态，认真地完成直播。

（3）积极乐观。

主播在直播过程中可能会遇到负面的互动和评论，尽管如此，优秀的主播应时刻保持积极乐观的态度去面对非议。主播乐观的心态会给用户带来愉悦和积极的感受，能够更好地吸引用户的关注和参与互动，增加直播的观看时长和互动性，进而提升带货商品转化率。此外，积极乐观的主播也能够吸引更多的赞助商、合作伙伴和商业机会，因为他们展现出的积极向上的形象往往具有更高的商业潜力。

4. 直播守法合规

直播作为一种社会行为，是受到法律约束的，尤其是在互联网这一公共平台，主播应该在IP建设中提高自己的法律意识，做一个合法、合规的优秀主播。主播对商品进行推荐、宣传时，从法律来讲其身份应属于该商品的广告代言人。《中华人民共和国广告法》（2021修正）中将广告代言人的责任提高了重视程度，所代言商品出现问题时，广告代言人及其经纪公司将与商家承担连带责任，包括民事赔偿和行政处罚。因此，主播和直播运营机构在招商过程中以及与商家签约前切莫急功近利、一味追求业绩，应做好商家的背景调查、产品调查。必要时，也可以委托律师进行尽职调查、参与签约谈判。

知识链接三　主播IP建设专业能力

1. 商品讲解能力

在需要实时互动的直播过程中，主播商品讲解能力无疑是很重要的。对于主播来说，如何在围绕产品讲解的过程中，既能提高产品成交率，又能避免冷场是需要锻炼的。主播讲解能力可以从加强领域知识学习、深入研究和准备、梳理表达思路、控制语速和语调、引入互动和故事性元素、不断反思和改进等方面提升。

2. 商品带货能力

商品带货能力建设可分为以下四个阶段。

第一阶段：掌握产品基本信息，熟悉商品特点，清楚商品卖点，能够及时解答用户可能提出的问题。

第二阶段：场景化营销，洞察用户心理，抓住用户需求，营造不同的商品应用场景，为用户提供有针对性的解决方案。

第三阶段：构建粉丝印象，利用主播在直播过程中树立的特征形象，深化主播在粉丝心目中的IP印象。

第四阶段：形成粉丝固化标签。当主播在某个粉丝群体中形成一个固定的标签，例如“美妆一哥”“数码产品高手”等，就标志着主播IP建设的完成。

3. 直播控场能力

对于主播来说控场是为了活跃直播间气氛和加强与粉丝的互动。所以提升主播的直播控场能力可从以下四个方面入手。

(1)熟悉直播流程。

主播需要在直播前确认好直播流程，例如什么时候抽奖、什么时候分享主题、什么时候分享干货、什么时候销售产品等都需要提前确认好，并对整个直播流程中的各个环节进行清晰标记。能够在各个环节中的自由切换，可以充分体现一名主播的控场能力。

(2)熟悉产品。

主播不仅要熟悉所推广商品的性能、参数等文字方面的介绍，更要有实际操作的经验，要充分了解产品的包装和展示的各个环节。从而避免主播因不熟悉产品或操作不熟练，导致粉丝流失。

(3)带动节奏和氛围。

打造直播间氛围是一个主播控场最核心的能力。直播间氛围一方面对内体现在主播能够调动现场气氛，让现场工作人员更好地配合工作；另一方面对外则体现在引导线上用户互动，维持直播间热度。做好对内和对外的氛围营造，可以使直播平台为直播间推送更多的流量。

(4)保证供应链。

直播电商，始于直播，终于供应链。无论主播口才多优秀，用户最终还是关注商品好不好，价格贵不贵，背后考验的其实是商品供应链的能力。所以带货型主播IP的专业能力还体现在主播对供应链的了解程度和掌控能力方面。良好的商品供应链能够建立主播该商品品牌“首席合作”“优质供应商”等标签，从而有效地提升主播的IP形象。

知识链接四　主播开场“五步法”

对于一个优秀的主播来说，设计一个有意义的开场不但可以调动自己的直播情绪和直播间的氛围，提升自己的主播IP形象，同时也是实现直播间引流的好方法。通过直播开场体现自身的主播IP形象，可以利用“五步法”进行打造，见表2-7。

表2-7　主播开场“五步法”

步骤	执行要点	作用
暖场打招呼	与用户互动，打招呼	提示团队开场及活跃直播间气氛
展示主播形象	展示主播、副播昵称及相关身份	展现主播特点
本场活动主题	介绍本次直播的主题及主打产品信息	让用户了解本场直播信息
本场活动预告	预告本次直播产品的价格和本次直播间粉丝活动	提升用户在直播间的停留时间
转场承接	转场话术、开启产品介绍	让用户了解产品

任务实施

步骤1　根据主播IP定位和主播IP标签打造方案，从账号昵称、账号头像、账号简介、账号背景图和素材封面图等方面进行主播账号设计，并完成任一主流直播平台账号注册和搭建工作（见表2-7）。

表2-7　主播账号设计流程表

序号	账号装修要素	具体内容
1	账号昵称	
2	账号头像	
3	账号简介	
4	账号背景图	
5	素材封面图	

步骤2　根据主播IP定位和主播IP标签打造方案，结合主播开场“五步法”完成直播开场阶段主播IP建设方案（见表2-8）。

表2-8　主播IP建设方案流程表

主播昵称		
步骤	执行要点	具体话术/动作
暖场打招呼	与用户互动，打招呼	
展示主播形象	展示主播、副播名称及相关身份	
本场活动主题	介绍本次直播的主题及主打产品信息	
本场活动预告	介绍本次直播产品、价格和粉丝活动	
转场承接	转场话术、开启产品介绍	

步骤3　选择任一主流直播平台，根据直播开场阶段主播IP建设方案，结合主播IP形象、特色话术或标志性动作，由主播和副播配合完成直播开场阶段主播IP建设上播实操。

任务评价

以小组为单位进行评价，具体评价指标见表2-9。

表2-9 指标评价表

<table>
<tr><th colspan="2">评价指标</th><th>评价内容</th><th>评价对象</th><th>评价手段</th></tr>
<tr><td rowspan="7">任务评价</td><td rowspan="4">职业技能（70%）</td><td>主播IP建设相关知识（10%）</td><td>个人</td><td>在线课程平台数据</td></tr>
<tr><td>主播账号策划能力（20%）</td><td>团队</td><td>课程教师/其他团队/企业专家</td></tr>
<tr><td>主播IP建设方案策划能力（20%）</td><td>团队</td><td>课程教师/其他团队/企业专家</td></tr>
<tr><td>主播IP建设方案实施能力（20%）</td><td>团队</td><td>课程教师/其他团队/企业专家</td></tr>
<tr><td rowspan="3">职业素养（30%）</td><td>用词规范（10%）</td><td>团队/个人</td><td>课程教师/企业专家</td></tr>
<tr><td>遵守平台规则（10%）</td><td>团队/个人</td><td>课程教师</td></tr>
<tr><td>团队协作情况（10%）</td><td>个人</td><td>课程教师/团队成员互评/自评</td></tr>
</table>

任务小结

在主播建设IP的过程中要尽可能解决以下的问题。

1. 没有差异化

差异化是使主播所在直播间在海量直播间中脱颖而出的关键，用户在观看直播的过程中普遍会对同质化内容产生审美疲劳；一旦用户对主播失去兴趣就会导致客户流失。主播的差异化体现在主播IP建设的各个维度。

2. 没有价值感

价值感是指使用户在观看直播的过程中感受到有所获得。这个价值感可以是实质内容，比如专业地讲解测评和产品的使用方法，也可以是一些情感获得，比如观看直播过程中获得的愉悦感、充实感等。所以在打造主播IP的时候，需要注重培养主播的共情能力。

3. 没有建立信任感

抖音、快手等直播平台是由知名企业官方构建的平台渠道，是以公众信任为基础搭建的内容社区平台。主播在直播平台开展直播活动时需要遵守平台的规定，进而形成自身专业、诚信的主播形象。

4. 没有变现能力

主播IP打造的最终目标是放大变现能力。主播通过吸引粉丝，实现平台公域流量转化为私域流量，并利用自身IP的特殊性将用户转化为粉丝，从而提升带货商品的成交量。并在后续的直播中，充分发挥私域流量的忠诚度，实现商品的不断复购和传播。

课后训练

二维码在线答题

1+X证书直通车

《1+X直播电商职业技能等级标准(高级)》标准中对主播IP建设的职业技能要求如下：

能对商品目标群体需求和主播特征进行匹配，确定主播及IP呈现。

拓展任务

(1) 练习直播开场阶段主播IP建设特色话术或标志性动作，直至熟练。

(2) 根据实战训练任务2-1拓展任务完成的农特产品带货主播IP设计方案，完成农特产品带货主播IP账号搭建和主播IP建设方案。

工作模块二
直播策划

任何营销活动都需要进行详细的前期策划，直播营销活动也不例外。如果前期策划工作完成得不到位，直播营销活动很可能无法达到预期的营销效果，甚至无法顺利进行。直播策划主要包括直播商品选品、直播内容策划、直播脚本设计和直播场景设计四项工作。

项目三　直播商品选品

项目描述

直播间商品的选择和规划是直播营销的起点，直接关系到直播销售数据的高低。在种类繁多的商品类目中如何选择合适的商品，并合理规划各类商品的陈列顺序、价格体系，以及库存配置，从而提高商品转化率，是一项几乎可以决定直播营销是盈利还是亏损的重要工作。

小王的直播团队即将参加学校在三江侗族自治县独峒镇组织开展的“大学生网络直播创业活动”，他们需要根据直播账号和主播的风格定位，以及市场需求分析，进行供应链遴选、农特产品采样分析，与农特产品企业确定直播产品组合形式，并完成直播产品结构、价格体系、库存配置规划等工作。在得出初步的排品方案后，直播团队通过循环直播进行排品测试，依托直播间销售总额、各选品销售量、在线观看人数、实时在线峰值人数等指标，最终测试出符合自身特点的直播间排品方案。

项目目标

知识目标

1. 掌握直播间选品的原则和方法；
2. 掌握直播间排品的策略。

能力目标

1. 能根据直播间和主播特点选择合适的商品；
2. 能合理规划商品结构、价格和库存数量。

素养目标

1. 能够认真谨慎地对待选品、排品工作，并根据数据反馈不断优化方案，精益求精；
2. 培养团队合作精神；
3. 加深学生对家乡农特产品的了解。

任务导图

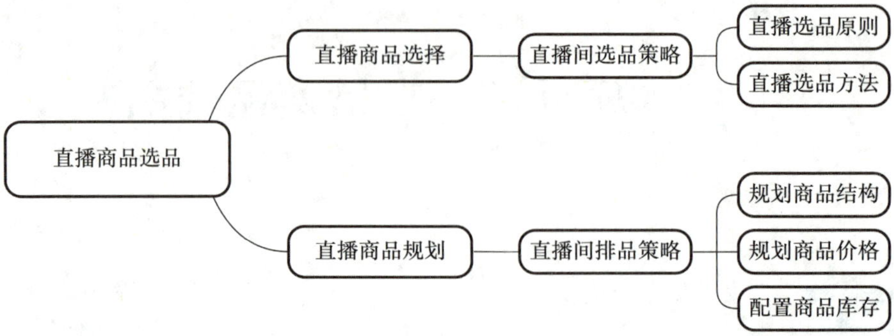

项目成果

1. 直播选品方案
2. 直播排品方案

实战训练任务 3-1　直播商品选择

核心概念　选品策略

任务目标　根据直播间和主播特点选择实战项目中合适的商品，制定直播间商品选品方案。

任务导入　请阅读材料并回答材料后的问题。

某淘宝系头部主播，从2021年3月开始试水医美类直播，取得了非常好的带货成绩。该主播在6月的一次单场医美直播中，场观人数达850万，而其单场直播GMV（Gross Merchandise Volume，GMV，电商领域的一个指标，表示一定时间内的总交易额）更是接近2亿元。

尽管直播数据非常好，但网络上针对其医美直播带货产品的投诉和批评种类繁多、不胜枚举。微博上某网友在该主播粉丝圈超话发帖，表示自己在直播间下单了其推荐的某医美项目，但在线下面诊过程中，全程都没有持证的专业医生出现，自始至终接待和操作都只有一名护士。

部分主播之所以铤而走险，连最基本的安全合规都不能满足，是出于节省成本的考虑。看似简单的直播带货，在合作商和选品方面，耗费的成本却非常高。另一位头部主播整个团队中三分之二的人力为选品、合规排查方面的成员，并具备相关专业背景，在对直播间带货备选商品进行评估选择时，不仅要考察商品品牌的垂直类目、品牌的工厂实力、研发背景、产品试用反馈以及直播间能获得的权益，还要从商品质量风险、包装风险、标识风险、舆情风险以及法律风险等方面进行全面考察。

从团队人员招聘到商品选择、合规排查等各个环节不难看出，直播商品选择这项工作费人、费时、费力、费钱，但短时间内在利润提高方面又没有太明显的效果。因此，若不是对用户怀着百分之百的敬意，如果不是真诚地想在直播行业深耕下去，直播电商团队很难在选品的每个环节全心全意地为用户着想。

用户在直播间购买商品时，不单考虑商品的价格，更重要的是考虑购买商品所体现的内在价值。在直播间蹲守主播带货的用户，不仅是为了购买那些满足基本生活的商品，更是为了在满眼纷繁中，挑选到能够提升自己生活品质的商品。通过直播电商购物的用户，兼具场景消费和冲动购物双重特点，这使得直播带货的主播应该更注重商品的内在价值。

直播带货主播在选品时，除了要考虑直播间商品是否安全合规这一基本要求外，还要考虑其是否具备足够的内在价值，是否能满足广大用户对于品质生活的向往和追求。

对于用户来说，他们希望在直播间购买的商品，不仅是好用的、好看的、有范儿的，还要是自己所需的，是值得分享给身边亲朋好友的。

思考：直播间商品的选择应考虑哪些方面的因素？

知识链接　直播间选品策略

1. 直播选品原则

(1)耐销品。

耐销品是指不受季节变化、市场变化、产品热度下降的影响，能一直销售的商品，具备销售周期长、不容易产生库存积压的特点。比如，全季销售的商品、全域销售的商品、大众商品、市场接受程度较高的商品。相较而言，某些转瞬即逝的网红商品就不具有耐销品的特性，如图3-1所示。对于初创的直播团队来说，需要考虑其选品的销售风险、库存风险，以及在开展对应类目的直播工作时人力时间成本上的风险等。

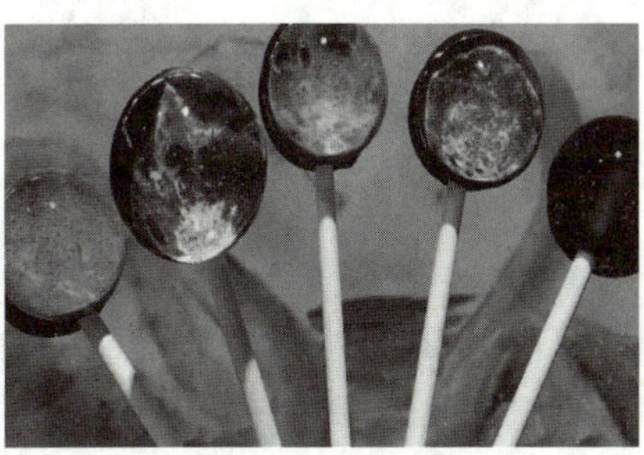

图3-1　“转瞬即逝”的网红零食星空棒棒糖（左）、脏脏包（右）

(2)市场渗透率高的商品。

市场渗透率是指特定产品或服务在目标市场中已经达到的用户数量与该市场潜在用户总数之间的比率。它衡量了特定产品或服务在目标市场中的渗透程度或普及程度。

市场渗透率可以通过以下公式计算：

$$市场渗透率=\left(\frac{已购买产品或服务的用户数量}{目标市场潜在用户总数}\right)\times 100\% \tag{3.1}$$

市场渗透率高的商品一般指用户认知度和需求度相对高的商品，如图3-2所示。

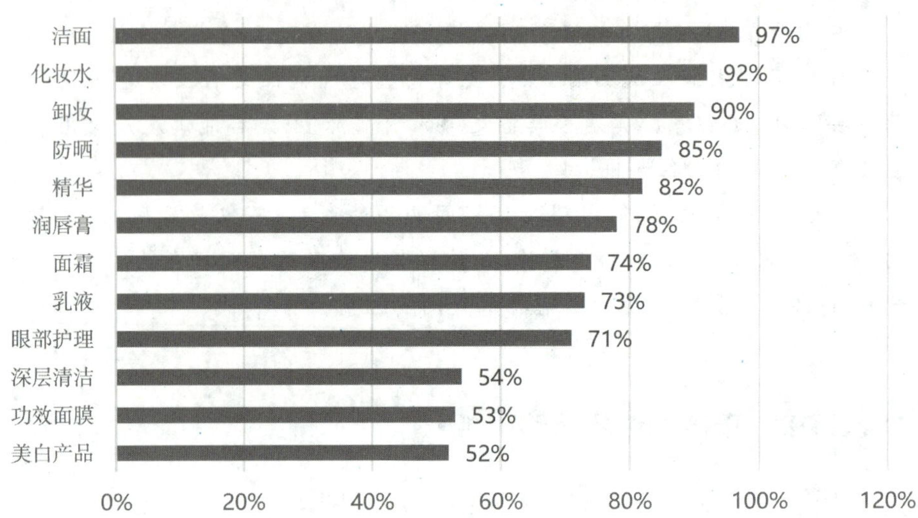

图3-2　某机构护肤产品大类市场渗透率调研结果

(3)具备竞争优势的商品。

明确的商品竞争优势可以为商家的销售话术提供内容基础，推动用户“种草”该商品并转化为购买行为。一些典型的竞争优势如下。

① 比较优势：与其他同类商品相比，有人无我有、人有我优的竞争优势，能使商品更具说服力。

② 权威背书：通过展示能体现商品认可度的支撑材料，如品牌实力、销量数据、明星同款、第三方检测或认证等，增强竞争力。

③ 价格优势：价格优势是促使用户做出购买决策的重要因素。用户受较低价格影响而购买，本质上是归根于用户的省钱心理。价格优势一般存在于独家商品及价差较大的商品。

(4)便于展示/演示的商品。

直播属于视听语言、社交电商行为，选品需符合视听呈现规则，适合注重互动的直播电商场景。比如，某些商品需要反复讲解，用户才能明白其功效和优势，这样的商品理论上就不适合直播间即时互动的销售场景。如果不能有效传递商品优势，或者直播间现有的硬件设备、场地布景不能呈现该商品的亮点，这样的商品也不适合在直播间销售。

便于展示/演示的商品能有效提高直播间商品介绍的完整性、趣味性和营销性。直播需要让商品卖点信息和亮点功能可视化，让用户更清晰地认识并记住其区别于竞品的特点，这也是促使用户下单购买的重要推手，如图3-3所示。

图3-3 主播在直播中展示并试吃商品

(5)使用体验好的产品。

产品介绍是引发直播间用户共鸣的一个过程，用户喜欢某主播，往往是因为主播的语言和行为能很好地引发用户对于某种产品的需求、使用体验和消费场景的共鸣。然而，在日常生活中，用户每天都在感受、体验大量的服务和商品，对这些商品和服务已经司空见惯了，致使他们的体验感往往是迟钝的。作为一个专业主播，则需要在直播时持续强化和调动自己对产品的感受和体验。

使用体验好的商品在营销呈现、产品口碑、品牌口碑、售后服务、产品复购，以及粉丝积累上都能够保持持续发展的态势。

2. 直播选品方法

(1)分析用户画像。

在电商直播过程中，主播类似于传统店面导购的角色，主要作用是帮助进入直播间的用户缩短购物的决策时间。要想提高直播间的商品转化率，直播营销运营者一定要学会分析用户画像。

用户画像由市场营销领域的专业人士或研究者提出的概念。用户画像是根据用户特征和行为模式，将目标市场中的用户划分为不同的群体、类别或描述，以便更好地理解和满足他们的需求。通过对用户的人口统计数据、兴趣爱好、购买行为、偏好等信息进行系统整理和分析，可以得到用户画像，描绘出不同用户群体的典型特征、特点和行为模式。选品时要判断商品是否符合用户画像所描述的需求。

用户群体不同，其需要的商品类型也不一样。例如，如果用户以年轻女性居多，直播时最好选择服饰、美妆、美食、家居用品等商品；如果用户以年轻男性居多，则最好选择游戏、数码产品、运动装备、汽车用品等商品。直播间只有选择符合用户画像的商品，商品转化率才会高。

(2)分析主播匹配度。

不管是商家主播还是达人主播,商品与主播之间必须相互匹配,即主播带货的商品要与其IP标签相匹配。例如,推荐母婴用品时,如果主播为未婚女性,则明显缺乏产品推荐的说服力,而IP标签为“宝妈”的主播则从气质形象上更容易打动用户。

一般来讲,主播根据带货商品的分布类型不同可以分为品类垂直带货主播和全品类覆盖带货主播两种。

品类垂直带货主播的用户画像较为精准,大部分是喜欢该垂直品类商品的用户群体。因此品类垂直带货主播的主要作用是帮助用户找到该品类中最合适的商品。但这种直播类型也存在用户覆盖面窄的问题,除了热衷于该垂直品类的用户以外,其他非垂直品类的用户则很少进入直播间。比如产品测评达人“老×评测”,IP真实有信任感,选择的主要是与安全、健康相关的商品,如婴幼儿产品、去甲醛产品、美妆产品等;美食类垂直达人“麻辣×子”的直播间,选择的则大多是与美食相关的特产、厨具、调料等商品,如图3-4所示。

图3-4 “老×评测”以及“麻辣×子”的直播商品橱窗

全品类覆盖带货主播选择的商品类目不限,他们主要考虑所带货的商品品牌的知名度是否够大,以及商家给的价格是否足够低。除此之外,这类主播还会要求商家在直播间发放优惠券、赠品等福利,致力于通过帮助用户省钱来吸引更多用户下单。这种类型的带货主播的优势是人群覆盖面广,劣势是用户画像比较模糊,直播间主打低价商品,大部分用户都是冲着低价而来,商品需求受价格影响较大,一旦商品价格较高,用户的购买意愿则会明显降低。

(3)分析用户需求。

对于直播电商来说,用户之所以关注主播,大多数是因为主播带货的商品可以满足他们某些需求。主播可以通过分析用户画像预估用户的潜在需求,针对用户的性别比例、年龄层次、兴趣爱好等特征选择合适的带货商品。一般而言,用户具有以下三个层面的总体需求。

①保证货源的品牌。

一般来说,品牌知名度高低对直播间商品转化率有较大影响。品牌商品的转化率高于非品牌商品的转化率,且知名度越高的品牌,其转化率越高。选择货源有保证的品牌商品,不但可以提高直播间的转化率,同时也更能保障商品的质量和售后服务。

②保证商品的品相。

从心理学的角度分析,人类是视觉动物,直播间的选品需要考虑用户的视觉感受。具备良好品相的商品,才更容易激发用户的购买欲望。因此,直播团队选品时要尽量选择外观、质地、使用方法和使用效果等方面能够冲击用户感官的商品,使直播营销充满场景感和沉浸感,从而提升直播间的购物氛围。

③保证商品的质量。

用户复购率是评估主播带货能力的一条重要标准,而用户复购率的高低通常是由商品的质量来决定。直播营销行业曾经发生过一些因商品质量问题引发的纠纷,对于头部主播而言,商品质量问题会严重地损害主播的形象,造成无法估量的负面影响;而对于腰部和底部主播来说,如果带货的商品出现质量问题,更是会对其造成难以承受的打击。因此,商品质量必然是直播选品标准的核心。

④保持直播间新鲜感(商品多样化)。

追求新奇性的心理是人的天性,直播选品团队要使用户对直播间一直保持新鲜感,就要提高直播间商品的更新频率,以此来增强用户的黏性。如果直播间长时间都只卖重复的几样商品,用户会因厌倦而流失。

在直播过程中,主播通过与用户互动可以收集到用户的反馈,其中经常会涉及他们很多未被满足的需求。例如,用户会在弹幕中提出自己的需求,如“我想要买妆效持久的粉底”“主播下次可以带××产品吗”等类似的互动。主播可以根据用户提出需求的频次来选择合适的商品,及时更新直播间商品品类,尽可能满足更多潜在用户的需求。

(4)结合社会热点。

与短视频发布追踪热点的逻辑类似,直播间也可以结合社会热点选择带货商品。例如,端午节时粽子成为探访亲友的节日礼品并成为节日主题的热点;由某知名艺人或直播达人在某一时间段带火的爆款商品等。

因此,直播选品团队要时刻关注名人、达人的微博、微信公众号、抖音等社交媒体账号,这样可以及时追踪这些名人、达人被电商平台或商家邀请做直播时发布的预热短视频、图片、文案等，从而提前做好应对的准备。只要嗅觉敏锐，就能抓住巨大的商机。

人们对这些当下具有热度的商品一般都会保持高度关注，即使不下单购买，也会在直播间对相关话题进行热烈讨论，从而提升直播间的热度，吸引更多用户进入直播间，这能够很大程度上提高直播间商品的整体销量。

(5)高性价比。

在直播营销过程中，性价比越高的商品越受用户欢迎。例如，某头部主播直播带货的商品总是带给其用户“全网最低价”“无条件退换”等福利，这样不仅较大程度地保证了用户的利益，还使用户对其产生了极高的信任感，因此该主播的用户复购率非常高。

人们选择电商平台购物的原因无外乎两个，一是方便、快捷，二是商品价格更便宜。直播属于电商平台的一种营销工具，因此人们选择在直播间购物也同样源于上述两个原因。直播间虽然也能上架销售较高价位的商品，但一般销量都不会太好，即使是头部主播带货这类商品，用户也未必会购买。

此外，商品的高性价比还可以通过赠送优惠券来体现，尤其是大额的优惠券，相当于帮助用户省了一大笔钱。多数人都有追求性价比的心理，所以赠送优惠券可以成为刺激用户购买商品的有效手段。

(6)亲身体验。

在直播营销过程中，主播不仅担任着导购的角色，还担任着商品代言人的角色。因此，本着对用户负责的态度，主播在直播间推荐商品之前，需要亲身试用该商品，这样才能体验出其好坏，了解其功效和使用方法，并判断该商品是否能满足用户的需求，从而更详细地向用户推荐该商品。以避免因对商品不熟悉而造成直播事故。

例如，主播要想推荐一款洁面产品，就要事先了解以下几个问题：这款洁面产品适合什么肤质的人群？主播自身是哪类肤质，在使用后有些什么感觉？身边其他肤质的人使用后感觉如何？用户对清洁类护肤品有哪些需求？这款洁面产品是否能够满足其需求？这些问题都需要主播亲身体验、测试和调查后才能得出相关结论，并帮助主播在直播间根据自身的实际体验感受向用户介绍、推荐商品，增强说服力。

(7)查看数据。

有经验的直播团队可以根据直播过程中的实时数据变化来调整商品规划。主要参考的数据有实时在线人数、粉丝增长率、粉丝互动频率及点击转化率等。例如，主播可以通过与粉丝的互动了解粉丝对哪类商品感兴趣，或希望了解某商品的哪些价值点；通过某一时间段的粉丝增长率来了解自己设计的直播活动或推荐的商品是否能够吸引新用户的关注。

如果数据显示直播间里的观看人数非常多，但购买转化率很低，就要考虑调整商品定位和主播IP设定。除此之外，还要查看直播间每日成交数据，以及不同商品的购物数据，分析商品售空所需要的时间；还要查看每日直播数据的峰值和谷值，统计每件商品的成交金额、人均成交金额、点击转化率和平均停留时长等。

在直播结束后团队也需要持续跟进，关注舆情，以及退货、结算、售后等情况，根据这些数据及时改进选品。

(8)精选货源。

直播间商品的来源主要有以下四个渠道。

①线上分销平台。

线上分销平台主要指各种批发和零售电商平台，其中批发电商平台最知名的是1 688阿里巴巴采购批发网，如图3-5所示。零售电商平台具有代表性的主要有抖音精选联盟、淘宝、京东、拼多多等，如图3-6所示。其优点是适合零基础、想快速冷启动的直播间，缺点是佣金不稳定，发货时间不确定(尤其是商品量大时，可能延迟发货，影响用户购买体验)。因此，选品时一定要找到可靠的商家，并提前与商家对接好售后流程。

图3-5　1688阿里巴巴采购批发网首页

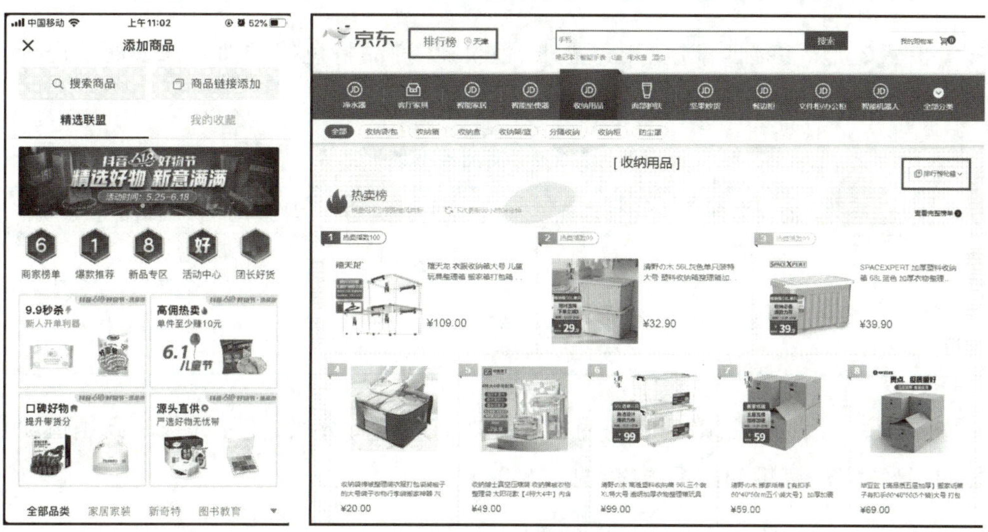

图3-6　抖音精选联盟、京东排行榜页面

拓展阅读一

向知名主播学选品

拓展阅读二

农产品选品技巧

②自营品牌。

自营品牌的商品来源主要依靠招商，其优点是利润率较高，适合头部主播；缺点是对供应链、商品更新、仓储要求较高。一般来说，只有超级头部主播才具备建立自己供应链的条件。

③合作商。

合作商的商品来源渠道一般是直播团队被动接受（品牌方通过私信、商务联系等方式主动寻求合作）或直播团队对外招商，其优点是品牌货源后端有保障，商品转化率比非品牌货源更高；缺点是由于品牌方要抽走一部分利润，因此品牌货源的利润率较低。但如果是超级头部主播，因为收取的坑位费很可观，则可以抵消被抽走的利润。

④供应链。

供应链的商品来源渠道是自拓展，其优点是利润率非常高，适合超级头部主播；缺点是建设供应链需要投入大量资金，资金压力较大，存在被建设供应链带来的资金压力拖垮的风险。

任务实施

步骤 1 收集实战项目中可用于直播营销的商品信息，并制成表格（见表 3-1）。

表 3-1 直播营销商品信息表

序号	商品名称	销售价格/元

步骤 2 从主播匹配度、用户需求、性价比、商品特色等方面对以上商品进行分析，完成商品筛选表（见表 3-2）。

表 3-2 商品筛选表

序号	商品名称	主播匹配度	用户需求	性价比	商品特点/卖点

步骤 3 根据商品筛选表的内容将备选商品进行分级，商品评级越高越适配直播间，最终完成直播间选品方案（见表 3-3）。

表 3-3　商品分级表

级别	商品名称
1级	商品1，商品2，……
2级	商品1，商品2，……
3级	商品1，商品2，……
4级	
5级	

任务评价

以小组为单位进行评价，具体评价指标见表3-4。

表 3-4　指标评价表

评价指标		评价内容	评价对象	评价手段
任务评价	职业技能（70%）	商品选择相关知识（10%）	个人	在线课程平台数据
		用户画像及主播匹配度分析能力（10%）	团队	课程教师/其他团队/企业专家
		用户需求分析能力（10%）	团队	课程教师/其他团队/企业专家
		商品性价比分析能力（10%）	团队	课程教师/其他团队/企业专家
		商品卖点分析能力（10%）	团队	课程教师/其他团队/企业专家
		选品数据综合分析能力（20%）	团队	课程教师/其他团队/企业专家
	职业素养（30%）	选品价值观及合规情况（10%）	团队	课程教师/企业专家
		精益求精、严谨认真（10%）	团队	课程教师
		团队协作情况（10%）	个人	课程教师/团队成员互评/自评

任务小结

（1）每个直播平台都会有官方的“选品机制”，该机制中的大规则会有类似直播商品目录、禁播商品目录的规定，小规则会明确到店铺和商品的具体选择标准。如果直播的商品不符合该平台选品机制的话，是不能在直播间上架的。以淘宝直播为例，如果某直播间在美妆类目的标签下面，上架的却全是服饰类目的商品，则该直播间将会被处罚。在发布直播预告（中控台及淘宝直播APP都可以）时，系统可以根据投稿的栏目，判断发布的商品是否符合平台要求。另外，依据阿里创作平台的专注领域判定规则，非垂直类目产品数量可以占每个直播间已发布商品总数的30%。例如，主播垂直领域定位为美妆，那么每10个商品，可以有3个上架成服饰、母婴、美食等类别商品，依此类推。

（2）新人选品，可以优先选择快消品、体验类商品（如工艺品制作过程、食材种植过程等）、已被验证过的优质团购商品，或者是已经有较高知名度的商品。

(3) 熟悉平台对于推广商品的具体筛选规则，如《网络直播营销管理办法（试行）》、各平台禁推商品目录、《淘宝直播—村播机构入驻规范》等。

1 + X 证书直通车

《1+X直播电商职业技能等级标准（中级）》对直播选品的职业技能要求如下：

1. 能根据商品历史销售数据、口碑表现、商品优惠力度和目标用户需求等数据，评估并挑选直播商品；

2. 具备较强的商品敏感度；

3. 具备数据化选品的能力。

课后训练

二维码在线答题

拓展任务

任选一个主流直播平台，对各团队成员的家乡农特产品进行综合分析，完成家乡农特产品直播选品任务。

实战训练任务3-2 直播商品规划

核心概念 排品策略

任务目标 根据直播间选品方案，合理规划直播间商品结构、定价和库存配置，完成直播间商品排品方案。

任务导入 请阅读材料并回答材料后的问题。

为什么同样的商品，有的直播间销量很好，但有的直播间就是不出单？因为排品策略不一样。好的排品策略可以为直播间最大化提升用户停留、GMV（Gross Merchandise Volume，表示一定时间内的总交易额）以及UV（Unique Visitors，即独立访客）价值，从而达到提升直播间权重、沉淀精准粉丝的目的。

例如，引流款商品用来积聚人气，利润款商品用来促进成交。那直播期间在什么时候上引流款，什么时候上利润款才会有效果呢？

下面我们就来探讨这个问题。

一般来说，直播间排的第一个商品基本都是没有利润甚至是亏损的，也就是通常所说的引流款。引流款最好是消耗品，满足使用频率高、价格低、用户认知度高、与主利润产品相关联等条件。

例如，直播间销售的主推商品是锅，那么1号链接商品可以是百洁布、洗洁精、清洁球等消耗性日用品。这些商品跟直播间主利润产品——锅是紧密相关的，又是消耗品，价格也低，用户认知度高，非常适合作为引流款积聚人气。

接着2号链接商品，可以设置一个与1号链接商品差不多的商品继续积聚人气。这个商品的关键在于，是主产品类目下的一个关联品，例如厨房清洁剂、厨具之类的关联品。因为直播间主营类目吸引的人群就是与厨具相关的用户，他们的购买标签是一样的，只是购买力不一样，所以可以用价格低的商品吸引用户留在直播间。

1号和2号链接商品主要的作用是用来过品的。

主播可以用一个衔接过品的话术，用来过前面这些订单转化率高但低客单价商品。很多人不知道怎么过品，也不知道如何从低客单价转高客单价。其关键之处在于，产品之间一定要有关联性，产品假如没有关联性，转品就转不了。

3号和4号链接商品可以配置比前两个链接商品价格稍高、平进平出不亏钱的商品。

需要注意的是，用户进入直播间，在点击购买页面之后，第一眼一般仅能看到4个到5个商品链接。

因此，我们在利用前4个链接吸引并留住用户后，可以在5号链接配置一个小利润商品，以此增加一定利润。

6号和7号链接则可以配置需要测试的准爆品（该产品是由直播团队预测的可能会成为爆款的产品），但该类产品需要主播每次直播时用一定时长去测试其在直播间销量如何。除此之外，也可以配置一个品牌商品，即此次直播涉及领域内较知名品牌的商品。

接下来的链接就是主利润商品，再往后的商品链接可以按需排列。

不同直播间因风格和所销售的商品不同，在排品操作时可以根据实际情况在细节上做出调整，但需要记住一个关键点，即引流款要和利润款相关联，这样转款会更顺利，在上利润款的时候就更容易让用户接受，从而促进订单转化。

例如，有的直播间会按“引流款—利润款—引流款—利润款”的交叉顺序来排品，用引流款拉人气，趁人气高的时候上利润款拉销售额。

总的来说，直播排品的方法有很多，只要弄清楚直播排品的基本逻辑，就能找到适合自己的排品方法。

思考：直播间商品除了引流款和利润款，还有哪些种类呢？

知识链接　直播间排品策略

1. 规划商品结构

一名优秀的直播运营者，要懂得合理规划直播间内的商品结构。商品结构规划不仅会影响直播间的销售业绩，还会影响直播间抵御风险的能力。通常来说，一个直播间内的商品应该包括印象款、引流款、活动款、利润款、形象款等 5 种类型，这 5 种不同类型的商品在直播间里分别担任不同的角色，发挥着不同的作用。

(1)印象款。

印象款是指促成直播间用户第一次购买的商品。如果首次购物没有出现任何问题，用户会对主播或直播间留下好印象，形成一定的信任度，再次进入直播间的概率也会增加，所以印象款的重要性是毋庸置疑的。适合作为印象款的商品应与主利润商品属于同一产品类目，具有覆盖目标用户人群广、实用性较强、性价比高等特点。

(2)引流款。

顾名思义，引流款就是为直播间吸引流量的商品。直播间有了流量才会得到平台推荐。引流款应是直播间目标客户群体里面绝大部分用户可以接受的产品，而且，这些引流款通常是低客单价、性价比高的商品，并经常是以成本价，甚至低于成本价销售，如图 3-7 所示。

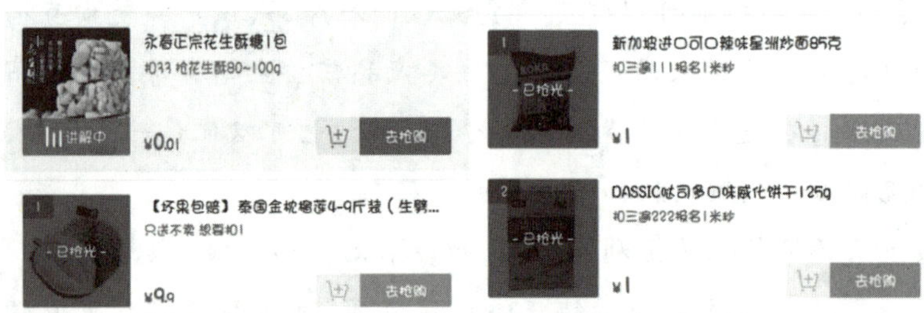

图 3-7　引流款商品

引流款商品既可以放在直播的开始阶段，辅以优惠活动，营造紧张的购物氛围，缩短用户的购买决策时间，快速提高商品转化率；也可以在直播间人气达到顶峰时再推出，将有购买意愿的用户留在直播间。引流款商品一般都是限量供应。

(3)活动款。

活动款一般是粉丝专属商品，直播间的用户需要成为直播间的粉丝以后，才有机会抢购活动款商品，因此也被称为"宠粉款""福利款"。活动款的主要作用是加粉、留客，因此该类商品应具有需求面广、性价比高、属于市场热门款但与利润款不冲突等特点，如图 3-8 所示。

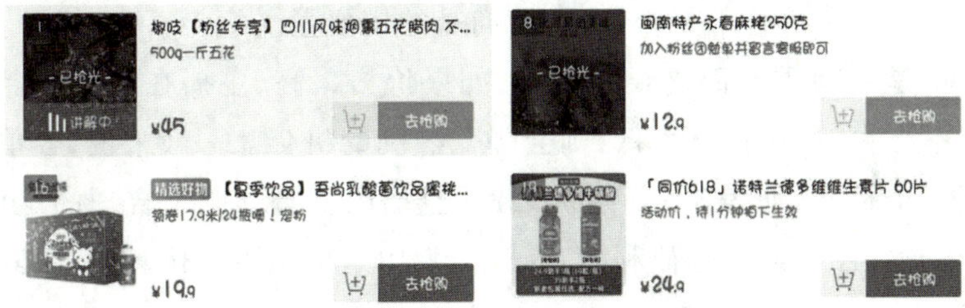

图 3-8　活动款商品

主播在做福利款时，有的是直接赠送某款商品作为福利，回馈粉丝；有的是将某款商品做成低价款，价格一般高于引流款，低于利润款，以此来激发粉丝的购买热情。

(4)利润款。

直播营销的目的之一是帮助品牌方或商家提升销售额、增加利润，因此直播间一定要推出利润款来实现盈利，且利润款在直播间所有商品中要占较高的比例。利润款应适用于目标群体中某一特定群体，这些人追求个性，所以这部分商品突出的卖点及特点必须符合他们的心理。

利润款有两种定价模式，一种是直接对单品定价，如“49元买一发二”“128元买一发三”等；另一种是对组合商品定价，如护肤套盒、服装四件套等，如图3-9所示。

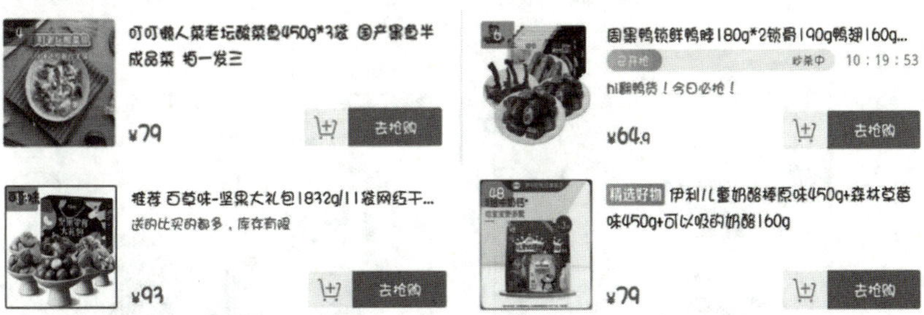

图 3-9　利润款商品

利润款要等到引流款将直播间人气提升到一定高度以后再上架，在直播间氛围良好的时候推荐利润款，趁热打铁，这样更容易促成成交，提高商品转化率。

(5)形象款。

形象款又称“战略款”“品质款”，起作用主要是提供信任背书、提升品牌形象。形象款的意义在于，引导用户停留观看，或者满足较小部分人的需求，但又让用户觉得价格和价值略高于预期，所以形象款要选择一些高格调、高品质、高客单价的小众商品。

2. 规划商品价格

商品定价是市场营销基础策略的重要组成部分之一，主要涉及商品的价格制定和更新的策略，以求获得最佳的营销效果和收益。商品定价也是一门学问，直播营销中的商品类目很多，要想将这些商品成功地销售出去，掌握合理、独具特色的定价策略是必然要求。定价合理与否，决定着商品的销售量。

商品定价是一项重要而复杂的工作，如果价格太高，主播在直播间上架的商品就可能销售不出去；如果价格太低，则会降低盈利的机会。一般来说，客单价通常分为高、中、低三个档次，如表 3-5 所示。因此，直播团队必须制定合理的定价策略，最大程度降低成本，在保证自身盈利的基础上，为用户提供更多优惠，刺激其在直播间的购买欲望。

表 3-5　客单价不同档次分类

价格档次	价格范围	用户购买特征
高客单价	100元以上	非常看重质量和品牌，下单十分谨慎
中客单价	50—100元	有所顾虑，充分考虑购买的必要性和商品的实用性
低客单价	50元以下	购买决策过程很短，大多属于冲动消费

(1)基本价格策略。

直播间基本价格策略主要根据主播的类型不同而进行选择。主播一般分为三种类型：专业型主播、文化娱乐型主播和亲民型主播。在为商品定价时，专业型主播以高客单价为主、中客单价为辅，如图 3-10 所示；文化娱乐型主播以中客单价为主、低客单价为辅，如图 3-11 所示；亲民型主播以低客单价为主，中客单价为辅，如图 3-12 所示。

图 3-10　专业型主播商品定价

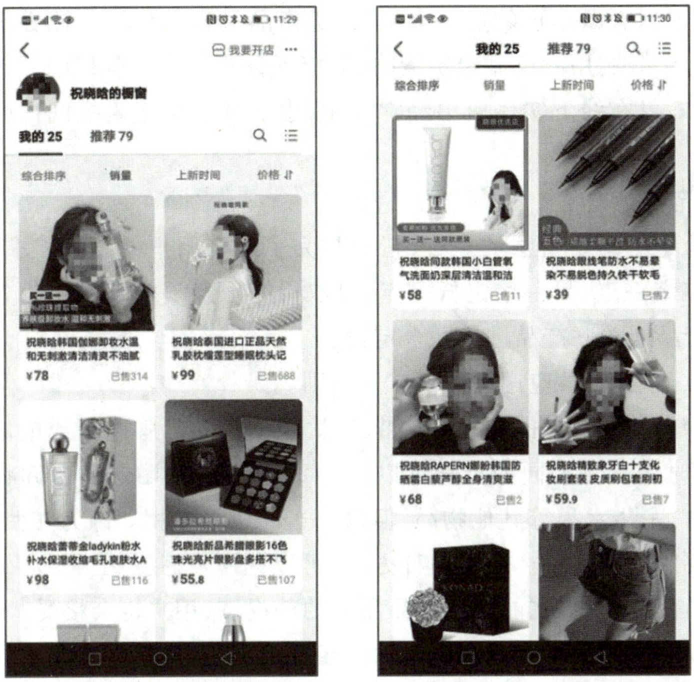

图 3-11　文化娱乐型主播商品定价

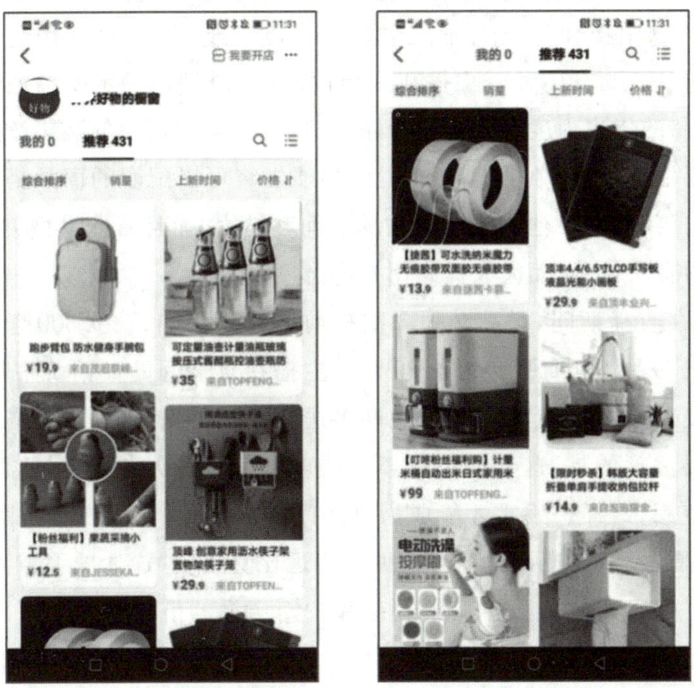

图 3-12　亲民型主播商品定价

(2)尾数定价策略。

尾数定价策略是指在制定商品价格时,基于用户希望购买到物美价廉的商品的心理,制定非整数价格,如1.9元、9.9元或99元等,使用户在心理上产生价格更便宜的感觉，从而起到刺激用户的购买欲望，促进商品销售的作用。尾数定价策略是一种操作简单且十分实用的商品定价策略，既能保证卖家利润，又能促成交易，所以应用范围广泛，不仅在线下实体店中经常采用，也同样适用于直播间内的商品制定价格时使用。

(3)组合定价策略。

组合定价是心理定价法的一种，指的是为了迎合用户的心理需求，将某些特定商品的价格定高一点，另一些定低一点，以取得综合经济效益的定价方法。该方法通常对互补产品或关联产品进行联合定价。

在确定组合定价时，应遵循以下三个原则。

原则一，赠品与货品相关联。比如，某款卸妆水在品牌商店或电商平台卖××元，但在直播时用户花相同的价钱可以获得2件产品，并赠送一包卸妆棉。虽然可以赠送奶茶粉、一袋水果等其他物品，但没有送卸妆棉实用。因为在使用卸妆水时，使用者必须要用到卸妆棉。通过这种方式，可以让用户感受到被关心、关爱，这样就算商品定价稍微高一些，在能保证产品品质的前提下，用户也会接受。

原则二，套装组合，提升用户购买的满足感。举例来说，一套夏季装扮通常包括T恤、裙子或短裤、太阳镜、遮阳帽和其他配饰。若上述服装配饰分开购买，则总价将达500元以上。但在直播间整套一起购买价格会非常优惠，同样是T恤、裙子或短裤、太阳镜、遮阳帽和其他配饰，T恤66元，裙子或短裤50元，赠送太阳镜、遮阳帽、配饰，总计一套才116元。主播在报出商品的价格时，一定要语速快、声音洪亮且饱满，将商品的优惠力度有效传递给用户，以此来激发用户的购买欲望。

特别需要注意的是，在直播之前主播必须先将可以配套的商品搭配好，方便用户直接下单购买，节省了他们搭配选购的时间和精力，而且营造出物美价廉的感觉，使用户觉得物有所值，从而大大提高用户满意度。

原则三，在直播期间，赠品必须多次提前出镜。比如，一款500毫升的身体乳，实体商店售价98元，电商平台售价89元。主播在直播间的促销价格只需要60元，而且是买一发二；再多加10元，还能额外多送两瓶护手霜，用户可以搭配使用，效果很好。尤其要注意的是，这款护手霜必须在直播期间多次出镜，而且必须由主播本人亲自演示使用，这样护手霜才能成为直播间的话题点，让用户对其留下深刻的印象；二来由于是主播亲自示范体验，这种行为远比直接说"这款护手霜我用了两个多月，效果不错"更加具有说服力，能够增强用户对主播的信任感。

(4)阶梯定价策略。

阶梯定价策略一般适用于客单价较低或成套售卖的商品，相当于传统"买一送一"的升级版本。比如，一款婴幼儿用品，原价39.9元/件，直播间的价格第一件29.9元，第二件19.9元，第三件9.9元，第四件免费，仅限20 000件，由主播引导用户，直接选择购买数量为4后再下单。阶梯式递减的价格能够给用户造成很大的视觉冲击，从而激发用户的购买欲望。

采取阶梯式定价方法,可以很好地解决某些库存产品的销售问题。与以组合定价法进行销售相比,这种定价策略更能促进单一产品的销量提升,所以更适合单个产品的促销定价。

在使用阶梯定价策略时,可以参考下列几种方法:①引导用户关注优惠力度。为了凸显商品的优惠力度,主播可以利用一些小道具,在直播时标注商品原价,使其与直播的价格形成鲜明对比;②营造紧张的购物氛围。主播可以通过语音和语速将商品的优惠力度传达给用户,调动用户激动兴奋的情绪,刺激他们下单购买。比如,利用倒数来制造紧张感和商品稀缺的氛围,促使用户下单。

3. 配置商品库存

商品库存配置是提高直播效果及商品转化率的一个重要手段。"保持饥饿"是商品库存配置的一个重要准则,需要根据场观人数变化(单场直播的总观看人数)和实时在线人数来配置不同的商品库存,从而保证直播间商品一直处于抢购状态。

要想维持"饥饿"状态,商品库存数量要始终少于实时在线人数的至少 50%。在条件允许的情况下,可以根据销售目标直接设定商店的库存数量,来配合直播的库存需求。

任务实施

步骤 1　根据直播间选品方案,将直播间商品划分为印象款、引流款、活动款、利润款和形象款五种类型,完成直播间商品结构规划表(见表 3-6)。

表 3-6　直播间商品结构规划表

序号	商品名称	商品类型	原因分析

步骤 2　根据直播间商品结构规划表,结合各商品进货价,制定所有商品的销售价格,完成直播间商品价格表(见表 3-7)。

表 3-7　直播间商品价格表

序号	商品名称	进货价/元	销售单价/元	毛利/元

步骤 3　根据直播间商品结构规划表和商品价格表，配置各商品库存数量，并完成直播间排品方案（见表 3-8）。

表 3-8　商品库存数量表

链接序号	商品名称	销售单价/元	库存数量/件	注意事项

任务评价

以小组为单位进行评价，具体评价指标见表 3-9。

表 3-9　指标评价表

评价指标		评价内容	评价对象	评价手段
任务评价	职业技能（70%）	商品排品策略相关知识（10%）	个人	在线课程平台数据
		商品结构规划能力（20%）	团队	课程教师/其他团队/企业专家
		商品价格规划能力（20%）	团队	课程教师/其他团队/企业专家
		商品库存配置能力（20%）	团队	课程教师/其他团队/企业专家
	职业素养（30%）	排品逻辑性（10%）	团队	课程教师/企业专家
		精益求精、严谨认真（10%）	团队	课程教师
		团队协作情况（10%）	个人	课程教师/团队成员互评/自评

任务小结

1. 六段排品法

六段排品法是指 AB（开播宠粉/独家）+CDE（利润款、配套产品）+F（限时/限量）。这是直播间最常见的组货排品方法，先上架AB宠粉款，再推荐CDE利润款，F是憋单款。如果我们在直播间不断渲染F款的价值，可以在不投放新产品的情况下，把直播间的自然流量重新拉到一个峰值。六段排品法一共需要6段SKU（Stock Keeping Unit，即库存量单位）在直播间进行组合，如果直播间商品有几十款，甚至上百款SKU，并不建议同时在直播间上架这么多商品。只需要把销售力强的几个产品组合好，就可以实现持续地引流和带货了。六段排品法是完全足够支撑一个直播间的销售的。

2. 三品组合法

三品指福利款＋跑量款＋利润款。三品组合法是依据不同产品在直播间的作用，来进行组合的方法。福利款一般是直播间留客且值得等待的好货，这个产品放在直播间是亏钱的，但是可以很好地获得自然流量的推荐。通过一系列的数据波动指标，比如用户停留时长、商品点击率、转化率等，可以证明用福利款产品能够让更多的用户来到直播间，从而打开自然流量池。第二种产品是跑量款。跑量款通常被用来提高直播间UV价值，这种产品可能利润较低甚至不赚钱。第三种产品是利润款。利润款一般是直播间的主打款，其主要作用就是盈利，前期通过福利款亏掉的钱，是可以用利润款的收益弥补回来的。这样三个品类来回切换，在直播间用福利款憋单，再大量成交主打款和跑量款，可以有效地保证直播间的销售效果。

1＋X证书直通车

《1＋X直播电商职业技能等级标准（中级）》对直播排品的职业技能要求如下：

1. 能根据商品优势和卖点，将直播商品划分为形象款、引流款、利润款等类别；

2. 能根据直播过程中的实时在线人数、互动数、粉丝增长率、点击转化率等数据调整未上架的商品顺序。

课后训练

二维码在线答题

拓展任务

（1）根据实战训练任务3-1拓展任务完成的家乡农特产品直播选品任务成果，对其中选定的直播商品进行规划，完成直播初步排品方案。

（2）直播团队通过循环直播进行排品测试，依托直播间销售总额、销售量、在线观看人数、实时在线峰值人数等指标，最终测试出符合自身特点的直播间排品方案。

项目四　直播内容策划

项目描述

直播活动需要有周密的方案，如果没有清晰的直播方案指导，直播活动可能无法顺利进行，而直播内容策划是制定直播方案的基础。在直播营销活动开始之前，团队需要对整场活动的目标、主题和营销内容进行详细的规划和设计，以确保直播活动的各环节能顺利开展且有效。

小王需要根据项目三中最终确定的排品方案，组织直播团队为"大学生网络直播创业活动"的第一场直播设定合理的目标，规划具有新意的主题并设计兼具吸引力和操作性的促销活动，最终完成专场直播内容策划方案。

项目目标

知识目标

1. 掌握直播目标的制定策略；
2. 掌握直播主题的策划方法；
3. 掌握直播促销活动的策划要点。

能力目标

1. 能合理制定直播目标；
2. 能策划合理有效的直播促销活动；
3. 能根据直播间和主播特点策划直播主题。

素养目标

1. 培养学生遵纪守法、诚实守信的职业素养；
2. 融入爱国元素，培养学生的家国情怀；
3. 培养学生脚踏实地的工作态度；
4. 树立学生的成本意识。

任务导图

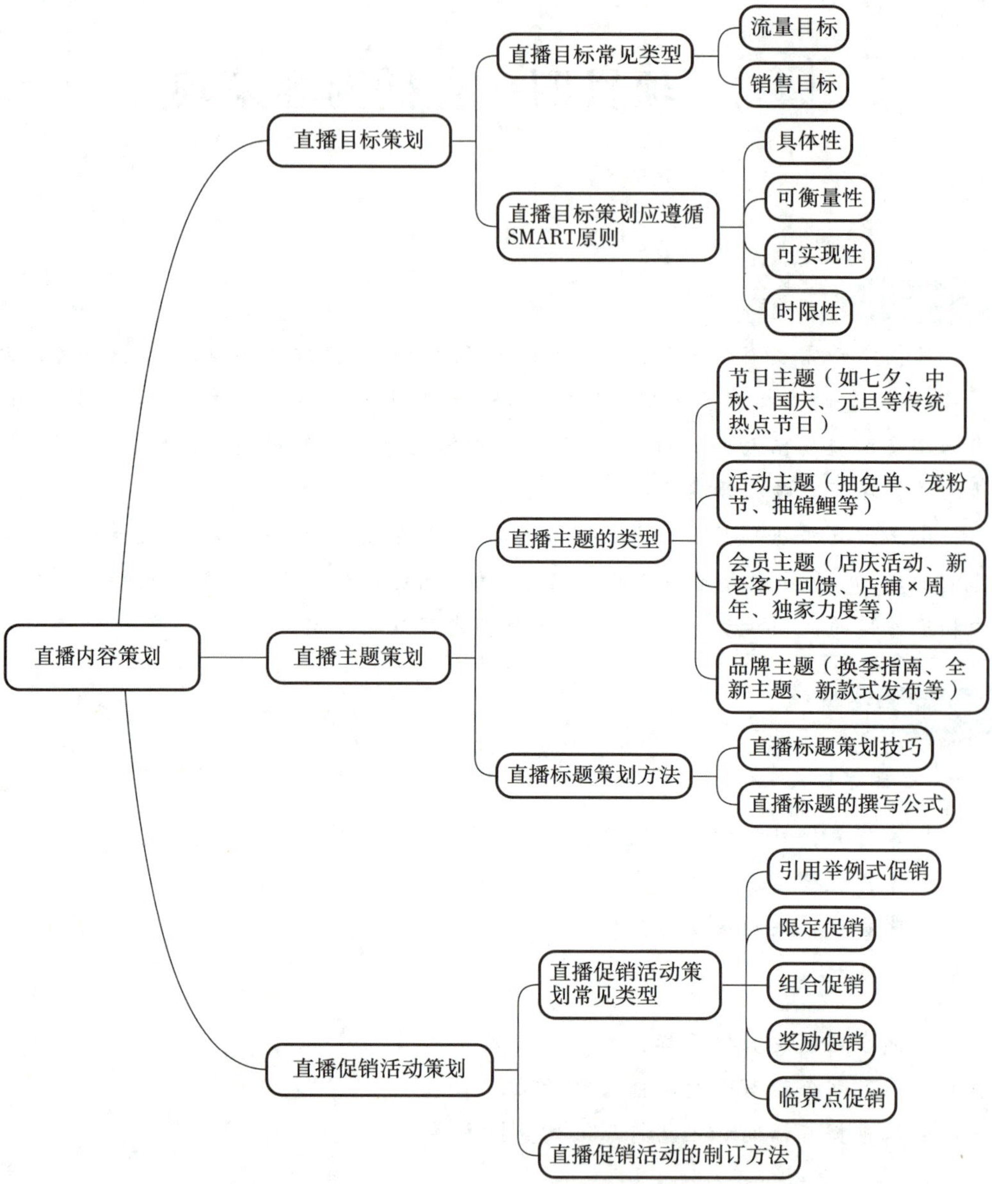

项目成果

1. 直播目标策划方案；
2. 直播主题策划方案；
3. 直播促销活动策划方案。

实战训练任务4-1　直播目标策划

核心概念　直播目标

任务目标　根据直播间特点和企业/品牌方营销需求使用SMART原则合理制订一场直播的目标。

任务导入　请阅读材料并回答材料后的问题。

> 近年来，直播带货的兴起，其深层原因是业务数字化在商家平台的加速渗透。调研显示，疫情期间，居民一天外出一次及以上的数量占比仅20.2%，而中国网民数已超10亿，观看过直播的人数也已达到6亿人，此消彼长，倒逼企业加快布局直播生态。
>
> 2022年，电商直播平台是企业对内沟通和对外营销工作重要的数字化工具，企业对于直播平台的场景应用依然呈上升趋势。但无论直播营销的功能和玩法怎样迭代，都需要清晰化直播营销的目标，如此才能发挥其最大的营销效能。

思考：直播目标策划应考虑哪些方面的因素？

知识链接一　直播目标常见类型

在一场直播营销活动当中，首先应是确定整场直播的主要目标，然后辅以其他元素来丰富直播内容。常见的直播目标有以下两种。

1. 流量目标

邀请名气大且与品牌形象匹配度高的明星、达人等主播到直播间以达到为官方账号引流增粉的目的。通过直播可以提升品牌的曝光度（见图4-1）。流量目标又具体分为宣传新品、品牌塑造、门店引流和社群营销。

图4-1　明星为直播间引流

（1）宣传新品。

宣传新品是很多直播间的常见目标类型。如服装品牌、化妆品品牌等，在上新时，就会将宣传新品作为直播间的首要目标。某知名日化品牌上新，经常会请到流量明星走进直播间，通过其背后强大的粉丝群体为新品“造势”。

（2）品牌塑造。

通过直播，企业可以与用户实时互动，结合企业的营销目标和产品特点，精心设计直播内容。直播是企业在数字化时代的一张对外名片，以高品质的声画呈现形式，更方便地把立体的品牌形象传递出去，以达到企业品牌塑造的效果。

（3）门店引流。

“直播＋种草”的营销形式在家居行业经常使用。得益于家居行业的高客单价，以及用户的个性化需求，使得用户需要到线下亲身体验，门店从而达到精准引流的效果。观看直播的用户本身具有精准的意向属性，加上兴趣和信任的双重加持，因此他们在直播间的停留时间也会更长，引流的效果也会更好。

（4）社群营销。

社群营销就是通过直播引流到社群，将目标客户吸引汇集到一起，持续提供客户所需的商品或服务，进而变现的一种营销模式。直播营销便是充分利用了社群来开展直播提醒、产品“种草”、话题互动等运营活动，从而提升销售额。

2. 销售目标

商家想要销量，达人主播需要赚取佣金，以销售为目标的直播往往是最常见的，具体则可以分为提升销售、清理库存两个目标。

（1）提升销售。

我们如果在直播平台搜索关键词“海鲜”便会发现，很多主播来自连云港市海脐村，其中粉丝量在10万到500万之间的主播大有人在。海脐村是当前海鲜网红村，该村仅有1 000多户，世代以捕鱼为生。但是近年来，该村村民纷纷开始做起了直播，注册直播账号的村民达到300余人。而根据现有调查显示，连云港地区的带货主播的总粉丝量已经达到了亿级。这个以贩卖海鲜为主的村子，通过直播营销大幅提升了销量，现年销售收入已经近20亿元。

（2）清理库存。

大量的库存积压会导致商家资金链断裂，而一场精彩的直播往往可以将积压的库存在短短几个小时内快速销售出去。广东省佛山市顺德区香云纱产业带的工厂老板亲自开展直播营销活动，从2021年的濒临倒闭发不出工资到2022年转战直播后成功开辟新销路，香云纱产业的营业额翻了一倍多，达到了7 000多万元。

知识链接二　直播目标策划应遵循SMART原则

SMART原则可以很好地指导直播目标策划，并使直播目标更科学、更明确、更规范。SMART原则包括具体性（Specific）、可衡量性（Measurable）、可实现性（Achievable）、相关性（Relevant）、时限性（Time-bound）。

1. 具体性

所谓具体性就是要用明确的语言确切地表明本次直播活动要达到的营销目标。

具有明确的目标几乎是所有成功的直播团队的一致特点。当直播目标模棱两可，无法准确传达到直播团队相关成员时，就会导致直播营销的效果不可控且不明显。

例如：直播目标策划设定为“借助此直播营销提升某单品销量”就不是一个具体的目标；明确的直播目标策划应该是“借助此次‘618大促’直播营销活动，通过前期预热、明星做客、直播促单等方式在当天直播三个小时内为某单品带货5 000份”。

实施要求：目标设置要有项目内容、衡量标准、达成措施、完成期限以及资源要求，使得后续直播内容策划能够清晰地看到计划要做哪些事情，计划需要达到如何的标准。

2. 可衡量性

可衡量性所指的是直播营销目标应该是可数据化的，应该有一组明确的数据，作为衡量该直播营销结果是否达成目标的依据。

例如：“利用此次直播营销活动为官方账号增一波粉”就不是一个可衡量的目标；需明确为“利用此次直播营销活动在一周内为官方账号净增粉丝达2万”，这便是一个可衡量的目标。

实施要求：在直播内容策划中，目标的衡量应该有一个统一的、标准的、清晰且可度量的标尺，应杜绝使用形容词等概念模糊、无法衡量的描述。

3. 可实现性

可实现性是指在直播目标策划时，需要客观考量其能否达成，而不是盲目制订一些过高的目标。

例如：一个刚起步的账号上月场均销售额为7万元，因为“618大促”活动企业将下一场直播的销售额定为100万元，虽然是大促销活动的节点，但结合账号基础来考量，此直播目标设定显然不切实际、难以实现；而结合账号基础和营销节点将销售额定为10万至15万元则更为合理。

实施要求：直播目标策划要坚持从实际出发，结合账号基础、营销节点、宣传投入等考量其可实现性。

4. 相关性

相关性是指直播营销目标必须与企业/品牌商设定的营销目标是相关联的。

例如：某品牌商营销目标是销售当季新品，直播目标设置为“借助本次直播营销活动为品牌方提高知名度”，这个直播目标与营销目标相关性较低，应该设定为“借助本次直播营销活动为当季新品带货5万件”。

实施要求：电商直播的目标最终应服务于企业/品牌方的营销目标，故需要与其达成认识一致、目标一致，才能更好地开展后续的合作工作。

5. 时限性

时限性是指直播目标策划中需要有明确的时间限制，没有时间限制的目标对考核起不到合理的督促作用。

例如：将目标设定为“借助本场直播使该产品提升曝光度”，是缺乏时限考核的。

而应改为“截至本场直播结束使该产品网店链接访问量达到1 000万次”。

实施要求：目标设置要有具体时间限制，应根据实际情况拟定完成直播目标项目的时间要求，以此衡量直播成果。

任务实施

步骤1 根据直播目标的常见类型，结合团队的直播间特色，制订本次直播的三个目标计划，按优先级排序并说明原因（见表4-1）。

表4-1 直播目标计划表

序号（优先级）	直播目标	制订原因
1		
2		
3		

步骤2 根据SMART原则，从具体性、可衡量性、可实现性、相关性、时限性五个方面对上述直播目标进行分析，完成直播目标设定（见表4-2）。

表4-2 直播目标SMART分解

直播目标	1.×××	2.××××	3.×××××
具体性			
可衡量性			
可实现性			
相关性			
时限性			

任务评价

以小组为单位进行评价，具体评价指标见表4-3。

表4-3 指标评价表

评价指标		评价内容	评价对象	评价手段
任务评价	职业技能（70%）	直播目标策划相关知识（20%）	个人	在线课程平台数据
		直播目标分析能力（20%）	团队	课程教师/其他团队/企业专家
		直播目标策划能力（30%）	团队	课程教师/其他团队/企业专家
	职业素养（30%）	实事求是、严谨认真（15%）	团队	课程教师/企业专家
		团队协作情况（15%）	个人	课程教师/团队成员互评/自评

任务小结

在应用SMART原则开展策划直播目标设定的过程中,要充分考虑对象直播间的具体情况。制订出可实现且可衡量的直播目标。

1 + X 证 书 直 通 车

《1+X直播电商职业技能等级标准(高级)》对直播目标策划的职业技能要求如下:

能根据业务需求,确定直播电商的品牌宣传、开拓新客、粉丝变现、冲销量、清库存等目的,制订直播目标。

课后训练

二维码在线答题

拓展任务

根据前期拓展任务打造的主播IP特点和直播选品排品方案,制订家乡农特产品直播目标,并从SMART原则的五个方面对目标的合理性进行具体分析。

实战训练任务4-2　直播主题策划

核心概念　直播主题和直播标题

任务目标　能根据主播IP、直播目标和时下热点策划出具有吸引力的直播主题,并撰写直播目标。

任务导入　请阅读材料并回答材料后的问题。

在策划直播主题时,首先我们应从直播间销售的商品品牌的优势入手,在充分分析竞品特点的情况下,尽可能地突出自身的优点。可以通过视频传递给用户一些关于商品的实用信息和使用方法,以此吸引用户。

例如,在淘宝直播平台上的某美妆店铺,专门售卖各种品牌化妆用品。在这个店铺的直播间中,不但有针对商品的直播介绍,同时还会告知用户如何挑选合适自己的商品,帮助用户在通过直播了解商品详情的同时,还能学习美妆挑选的技巧。该美妆店铺的店家在直播时会推荐已经搭配好的化妆包,而其推荐时其实是很有技巧的,他会抛出“怎样挑选适宜自己的化妆包”这一女性普遍关心的美妆问题来吸引用户,并通过与经销商沟通,将售价降低,如此,既满足了女性爱美之心,也为直播间用户带来了实惠。

其次,从消费群体角度切入,满足消费群体需求。“顾客就是上帝”,所以直播营销活动的设计要以消费群体为先,从消费群体角度出发。要做到这一点，关键之处是要明白消费群体的需求点和兴趣点。

最后，要及时把握社会热点。在网络发展无比迅速的当代，热点就意味着流量，准确把握时代热点就是做好直播营销的不二方法。

思考：策划直播主题需要考虑哪方面的因素？

知识链接一　直播主题的类型

1. 节日主题（如七夕、中秋、国庆、元旦等传统热点节日）

直播营销如果其主题是节日，则可以通过将节日元素与品牌在文化和理念、格调和精致等方面相融合，利用节日提升品牌价值感。

如七夕节主题，可将浪漫主题元素融入品牌专区页面。用户在直播过程中可以通过链接直达融合有节日主题氛围装饰的店铺主页，让用户全程感受到浪漫的氛围，为用户提供更好的购物体验（见图 4-2）。

图 4-2　某品牌七夕节日直播

2. 活动主题（抽免单、宠粉节、抽锦鲤等）

“抽免单”“宠粉节”等主题促销活动是利用用户追求刺激和新奇事物的心理，以抽奖的方式获取商品折扣、现金优惠或者礼品等，将抽奖所获得的奖励与商品进行捆绑变相销售，如此，既可以吸引新用户尝试购买，也可以引导老用户再次购买，提升连带率，达到提升销售的目的。

3. 会员主题（店庆活动、新老客户回馈、店铺×周年、独家力度等）

针对会员的专享促销活动，在拉动直播销量的同时，也能让品牌会员享受到专享的贵宾式服务体验。会员可以在购买一定金额或者专享商品之后，享受店铺其他正价产品的专属折扣；每个月固定的会员日，店铺可以为会员提供一些专属特价产品，以此吸引新粉、维护老粉。

4. 品牌主题（换季指南、全新主题、新款式发布等）

营销活动的主题是品牌主题的，可以围绕品牌的调性、产品的特色、折扣的力度等角度展开营销策划。在以宣传品牌为前提下，进行相关直播。

如某国货化妆品品牌把古装剧剧情带入直播。直播间的工作人员均一身古装，举手投足间展现古装的优雅，甚至连直播间的言谈都以古代称谓相称。除此之外，该品牌还将这类创意产品化，推出宫廷小剧场，在抖音平台上进行二次传播，达到了很好的品牌宣传效果。

知识链接二　直播标题策划方法

1. 直播标题策划技巧

(1)字数控制在12字左右。

信息碎片化时代,用户阅读习惯也已碎片化。在手机屏幕前刷直播的买家都是一划而过,为了要抓住这1到2秒的黄金时间,在设计直播的标题时,除了要表达清楚内容外,字数不宜过长。

(2)切勿过度夸大折扣利益。

夸大折扣可能导致用户对品牌的信任受损。如果宣传的折扣事实上并不存在,或者是以一些虚构的手段来实现的,用户可能会对品牌产生负面印象,这对品牌的信誉会造成损害。

(3)击中用户痛点,引发共鸣。

标题需要结合品牌调性,基于用户画像,明确了解用户的核心需求进行策划,从而让用户在看到标题时引发共鸣,激发需求,直播间的点击率才会增加。

(4)避免廉价感或违禁用词。

避免使用如“清仓”“批发”“工厂”“甩卖”“倒逼”,以及广告法规定的违禁词和极限用词,如“万能”“绝对”“十足”“全网最低”等字样,以免带来麻烦。

2. 直播标题的撰写公式

(1)功能型=用户+痛点+解决方案。

例如:微胖女生的穿衣烦恼是什么?受众的核心诉求绝对是显瘦,当这类人群看到这种直播标题时,便会对该直播间的产品一目了然。

(2)热点型=节点+人群+促销利益。

此节点并非单纯指“开学季”“妇女节”“圣诞节”这类节日节点,也包括时下热门的娱乐事件,凡是公众关注的话题,在符合法律法规和社会主流价值观的前提下,可以融入直播间商品宣传标题中,以提升直播关注度。

(3)活动型=产品+用户+活动利益。

因绝大多数中腰部主播是以清库存、走销量为目的开展直播营销的,因此该类标题是目前直播电商平台采用率较高的一种形式。想要在直播平台脱颖而出,还需要做好竞品分析,并配合客单价、封面等客观条件开展直播。

(4)反逻辑型=疑问+夸张身份+修饰产品。

此类标题可以激发用户的猎奇心理,比较适合吸引“95后”“00后”的年轻群体,通常年轻人对新奇的产品更具敏感度,看到这类标题后点击进入直播间的概率就会很大。

(5)造节型=节点+人群+品类整合

直播头部主播常常采用造节的形式,将相似品类的内容整合,做专场化的直播。

例如“××美丽节”“××生活节”“××零食节”“××开学季”等。通常在正式开始直播之前，直播间会进行数天预热，并在微博、抖音平台转发抽奖等进行造势。

任务实施

步骤1 根据直播账号定位、直播目标对直播内容的整体思路进行简要描述，并提炼直播主题方案（见表4-4）。

表4-4 直播内容思路描述表

分析维度	具体内容
直播账号定位	
直播目标	
直播整体思路	
直播主题方案	

步骤2 根据直播主题方案，运用直播间标题的基本策划方法为其设计三个以上的标题供后续选择，并在表中列明使用的撰写公式（见表4-5）。

表4-5 直播间标题撰写表

序号	撰写公式	具体内容
标题①		
标题②		
标题③		

任务评价

以小组为单位进行评价，具体评价指标见表4-6。

表4-6 指标评价表

评价指标		评价内容	评价对象	评价手段
任务评价	职业技能（70%）	直播主题策划相关知识（10%）	个人	在线课程平台数据
		直播主题策划能力（20%）	团队	课程教师/其他团队/企业专家
		直播标题撰写能力（30%）	团队	课程教师/其他团队/企业专家
		信息洞察力、创造力（10%）	团队	课程教师/企业专家
	职业素养（30%）	直播标题价值观及合规情况（15%）	团队	课程教师/企业专家
		团队协作情况（15%）	个人	课程教师/团队成员互评/自评

任务小结

直播主题应该根据直播间的优势来策划。很多直播营销活动的主题不明确，很大原因在于没有对自己的优势梳理总结，盲目跟着潮流进行策划其结果往往不尽如人意。

此外，直播主题的策划还应考虑账号的定位。如果直播账号的定位是娱乐类主播，那么就应该在策划时将账号内容做娱乐类型的垂直内容，直播时按照娱乐主播的赛道来开播，做到不越界、不脱离账号的主体思想。

在确定直播主题符合自身直播间定位后，再结合上述直播标题策划的方法编制直播标题，从而吸引更多用户关注。

1+X证书直通车

《1+X直播电商职业技能等级标准(中级)》对直播主题策划的职业技能要求如下：

1. 能根据直播策划、品类结构和促销节点，确定直播商品排期和主题；

2. 能根据直播平台规则，策划有吸引力的直播封面和标题，引导更多用户观看直播。

课后训练

二维码在线答题

拓展任务

根据直播账号定位和实战训练任务4-1拓展任务制订的直播目标，策划家乡农特产品直播主题，并撰写直播标题。

实战训练任务4-3　直播促销活动策划

核心概念　直播促销活动

任务目标　根据主播匹配度和用户需求，结合直播营销目标、商品特色制定合理的直播促销活动方案。

任务导入　请阅读材料并回答材料后的问题。

提到某知名主播“口红一哥”，相信不少朋友都一定并不陌生，他曾在五分钟之内卖光了15 000支唇膏，每场直播场均拿下千万销售额，堪称直播界“神话”。为什么他能成为网红主播？为什么他的直播带货会创造惊人业绩？究其原因，很大程度上不仅是因为他“能说会道”，巧妙的话术和让用户“如沐春风”的促单方式也是重要的原因之一。从开播到下播，他们都策划周密，使用户产生强烈的购物欲。

直播带货的核心在于营销策略。每位主播都代表着产品的形象。在推介产品时，首先需要主播亲自体验并评估产品，确保其质量并了解其特性。然后，根据产品特性和目标受众的匹配度，精选出适合推广的商品。接下来，通过精心策划的促销活动和宣传策略，营造出一种“抢购热潮”的氛围，以此激发用户的购买热情，从而有效地提升直播间的互动和销售转化率。

如该知名主播介绍某品牌的系列唇膏时，从七十二支唇膏中选取七支极具代表性的、覆盖了不同年龄层、不同妆系的色号。他会在对所有产品进行推荐之前，提早储备好销售时所需要的价格促销活动和礼品价值，使客户缩短了筛选和犹豫的时间。

所以想要让直播间获得更多的关注度，那么在直播前策划好促销活动是引爆人气的重要手段。

思考：你所了解到的直播促销活动策划有哪些？

知识链接一　直播促销活动策划常见类型

1. 引用举例式促销

引用举例式促销是指在促销时通过将商品的使用感受、优缺点、功能和特色，或对商品的使用效果等各方面，通过比较直观的形式介绍给用户的行为。在介绍完商品时主播往往采用折扣价销售商品，如“买正装送同等容量小样”“新品半价”等等（如图4-3）。

图4-3　主播在进行引用举例式促销

2. 限定促销

限定促销则俗称“饥饿营销”，是为用户营造一种该商品稀少的氛围，用夸张的表达方式使用户认为该商品与众不同且需要在限定的时间内购买，因此产生需求感和紧迫感，从而快速产生购买行为。常见形式有：

（1）限时促销，如“秒杀”“仅限今日购买”等；

（2）限量促销，如“仅剩100件”“限量款”等；

（3）单品促销，如“只卖一款”“孤品限定”等。

3. 组合促销

组合促销是指由商家可控的基本销售手段共同构成的整体促销活动。用户也是用户，其需求是多样化的，把优惠款与高利润款捆绑在一起出售的组合销售可以迎合用户的“赚到了”的消费心态。所以在直播销售的设计上，应该合理地设计这套“组合拳”并充分发挥优惠款和高利润款的整体性优势和效果。组合促销形式大致有以下三种：

（1）搭配促销，如“套装半价起售”“冬季温暖优惠组合”等；

（2）捆绑式促销，如“买护肤品送面膜”“加10元送袜子”等；

（3）连贯式促销，如“第二份半价”。

4. 奖励促销

为了增强用户的忠诚度，主播在直播促销过程中需要巧妙地结合营销信息和激励机制。在向用户传递产品信息的同时，适时提供奖励，如优惠券、限时折扣或独家礼品，可以有效地吸引并留住用户。这种策略不仅让用户在享受优惠的同时感受到满足，还能建立起对主播的信任，从而显著提高他们的购买意愿。通过这种方式，主播能够促进用户的持续参与，增加直播间的活跃度，并最终实现销售目标。常见的奖励促销方式有以下几种：

（1）抽奖式促销，如“购买商品抽奖”“关注主播抽奖”“抽取幸运粉丝”等；

（2）互动式促销，如“签到有礼”“收藏有礼”“下单有礼”等；

（3）优惠券促销，如“赠送优惠券”“抵价券”“现金券”“包邮券”等。

5. 临界点促销

临界点促销是一种心理营销策略，它利用用户对价格敏感的特点，通过设置价格的“临界点”来激发用户的购买欲。在直播带货中，主播通过这种策略，可以巧妙地引导用户在心理上感受到“物超所值”的满足感。当用户意识到只需支付相对较小的金额就能获得显著的优惠或价值时，他们往往会在心理上跨越那个犹豫的“临界点”，从而促使他们做出购买决策。这种策略不仅能够提高交易的成功率，还能增强用户对主播和品牌的信任，为未来的销售活动打下良好的基础。临界点促销形式大致有以下3种：

（1）极端式促销，如“全网最低价”；

（2）最低额促销，如“低至5折”“最低2折起”；

（3）定时折扣促销，如“定时打折清货”。

知识链接二 直播促销活动的制订方法

为了确保直播活动能够吸引并保持用户的兴趣，同时激发他们的购买欲望，关键在于设计一系列创新且多样化的促销策略。这些策略应旨在提升用户对产品的认知，增强他们对主播的信任，延长他们在直播间的停留时间，并有效提升客户忠诚度。以下是一些制订具体的促销活动时的建议。

第一步，结合直播间营销目的。

根据主播匹配度、用户需求、营销需求、商品特色等多因素考量，从合理的角度出发，明确促销活动的展现形式。

第二步，选好促销产品。

促销产品一定要选与主卖的利润产品不同，但拥有相同受众人群的产品。

第三步，制定促销活动规则。

确定好营销形式和产品之后，就需要制定详细的规则。比如人气达到多少就采用秒杀、发优惠券形式的促销形式。需要注意的是，制定促销活动规则时要根据直播间的实际情况让促销活动呈现螺旋递增的趋势。

任务实施

根据主播匹配度和用户需求，结合直播营销目标和商品特色，从匹配产品、详细方案、活动预算三个方面制定直播促销活动方案（见表4-7）。

表4-7 直播促销活动方案表

直播促销活动	匹配产品	详细方案	活动预算/元

任务评价

以小组为单位进行评价，具体评价指标见表4-8。

表 4-8　指标评价表

<table>
<tr><th colspan="2">评价指标</th><th>评价内容</th><th>评价对象</th><th>评价手段</th></tr>
<tr><td rowspan="7">任务评价</td><td rowspan="4">职业技能（70%）</td><td>直播促销活动相关知识（10%）</td><td>个人</td><td>在线课程平台数据</td></tr>
<tr><td>直播促销活动策划能力（20%）</td><td>团队</td><td>课程教师/其他团队/企业专家</td></tr>
<tr><td>直播促销活动方案制定能力（20%）</td><td>团队</td><td>课程教师/其他团队/企业专家</td></tr>
<tr><td>活动经费预估能力（20%）</td><td>团队</td><td>课程教师/其他团队/企业专家</td></tr>
<tr><td rowspan="3">职业素养（30%）</td><td>成本意识（10%）</td><td>团队</td><td>课程教师/企业专家</td></tr>
<tr><td>实事求是、严谨认真（10%）</td><td>团队</td><td>课程教师/企业专家</td></tr>
<tr><td>团队协作情况（10%）</td><td>个人</td><td>课程教师/ 团队成员互评/自评</td></tr>
</table>

任务小结

一场成功的带货直播活动，其前期促销活动的策划至关重要，可以大致分为三个关键步骤：首先，通过各种策略提升活动的知名度和吸引用户，即“涨人气”；其次，实施具体的促销措施，激发用户的购买欲望，即“做促销”；最后，确保促销活动能够顺利转化为实际的销售收益，即“转承接利润款”。这三个步骤相辅相成，共同推动直播活动的火爆进行。不同类型的促销活动各具优势，例如明星主播天然自带影响力和话题度，因此具有强大的品宣效果；而达人主播有较深的粉丝沉淀和熟练的内容技巧，更擅长营造直播间火爆的氛围；品牌官方直播则在市场和产品上具有专业的说服力。各直播团队应依据自身需求选择相应的促销活动，用不同类型的促销活动进行混合搭配，来满足多样的直播需求。

课后训练

二维码在线答题

1+X证书直通车

《1+X直播电商职业技能等级标准(高级)》对直播目标策划的职业技能要求如下：

能根据直播目标和活动预算，通过直播间专享价、优惠券、返现等方式设计促销利益点，引导用户下单。

拓展任务

根据主播匹配度和用户需求，结合任务4-1拓展任务制定的直播目标以及商品特色，从匹配产品、详细方案、活动预算三个方面制定家乡农特产品直播促销活动方案。

项目五　直播脚本设计

项目描述

直播脚本是长达数小时的直播营销活动的底本，是直播过程的计划书，用于把控直播营销的节奏，规范直播营销的流程，方便主播掌握直播营销的主动权，减少直播过程中的突发状况，以达成既定的营销目标，保障直播营销的顺利开展。

在完成了“大学生网络直播创业活动”专场直播内容策划之后，小王需要组织直播团队根据直播内容策划和现场互动设计的结果，综合直播商品选品方案、直播计划时长规划和人员岗位分工等，对直播营销的整体流程进行规划，从而完成直播营销的整场脚本设计；并根据前期收集的直播商品的基本信息，对商品讲解流程进行规划，完成直播间单品的脚本设计。

项目目标

知识目标

1. 了解整场直播营销脚本的含义、作用；
2. 掌握整场直播营销脚本的撰写方法；
3. 了解直播单品脚本核心要素；
4. 掌握直播单品脚本撰写方法。

能力目标

1. 能够根据直播内容策划的流程，合理安排各个环节；
2. 能根据直播主题，结合选品、直播时长、直播流程、嘉宾特点和人员分工，策划整场直播营销脚本；
3. 能根据商品详细信息提炼商品卖点，从品牌介绍、利益点强化、引导转化等层面设计直播单品脚本。

素养目标

1. 培养学生遵纪守法的职业素养；
2. 加强学生工作中须注意的时间观念并培养学生团队协作能力；
3. 培养学生诚实守信、公平竞争的职业素养。

任务导图

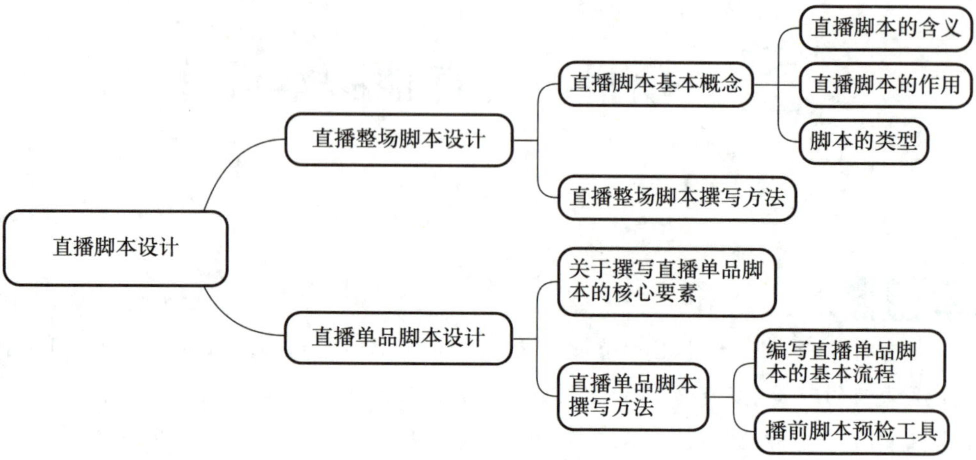

项目成果

1. 直播营销整场脚本
2. 直播单品脚本

实战训练任务 5-1　直播整场脚本设计

核心概念　直播整场脚本

任务目标　根据直播目标和直播主题，结合选品、直播时长、直播流程、互动设计和人员分工，完成直播整场脚本。

任务导入　直播脚本没有固定格式，不同直播团队设计的直播整场脚本各有特色，请找三份你认为优质的直播脚本案例，思考以下问题：

(1) 什么是直播脚本？

(2) 直播整场脚本和直播单品脚本有何不同？

(3). 两种脚本的侧重点分别是什么？

知识链接一　直播脚本基本概念

1. 直播脚本的含义

脚本是指戏剧表演、电影拍摄等依据的底本或书稿的底本。直播营销活动一般长达数小时，因此直播中每一个环节以及主播的语言话术都需要提前做好精心准备。直播脚本正是在直播之前制订的直播过程计划，用于把控直播的节奏，规范直播流程，以达成既定的目标。

2. 直播脚本的作用

在直播前，制订一份清晰、详细、可执行的直播脚本是确保直播顺利进行，并取得良好效果的有力保障。一份合格且专业的直播脚本的作用主要体现在以下三个方面。

(1)梳理直播流程，提高筹备效率。

设计脚本首先就是梳理直播流程，协调直播分工，明确工作职责，让直播的有条不紊地推进，提高直播工作人员的整体工作效率。

(2)管理主播话术，减少突发状况。

详细的脚本能够为主播的语言和行为做出精细到每一分钟的提示和指导，减少主播在直播中无话可说、活动规则解释不清楚、事项未完成等情况的发生。

(3)控制直播节奏，规范直播流程。

在直播过程中，对直播做好规划和安排是很重要的，其重点是编写符合逻辑的规则、把控好直播节奏、将前期直播内容的目标和促销活动策划落实到位。

3. 脚本的类型

(1)直播整场脚本。

直播整场脚本，是以整场直播为单位，以时间为主轴，规范直播流程、直播内容和人员安排的整场安排。

(2)直播单品脚本

直播单品脚本，是以单个商品为单位，解说单品信息，突出商品卖点，明确直播利益点，以刺激用户购买为目的的单品介绍，也被称为“商品讲解”。

知识链接二　直播整场脚本撰写方法

表 5-1　直播整场脚本的必备要素及说明

直播营销整场脚本必备要素	具体说明
直播主题	参考实战训练任务 4-2 直播主题策划，确定单场直播的主题，主题言简意赅，能够传达核心信息给用户，标题有吸引力
直播目标	参考实战训练任务 4-1 直播目标策划，明确单场直播目标，目标具体可量化。例如观看量、点赞量、进店率、转粉量、销售目标等
主播介绍	介绍主播、副播的姓名、身份、头衔等，临时嘉宾需保证其姓名等信息正确无误，同时高亮内容
直播时间	明确直播时长，包含直播开始和结束的时间。一般来说直播时段应保持固定，下播时主播应预告下次直播时间，让粉丝持续关注直播间，培养用户习惯

续表

<table>
<tr><th>直播营销整场脚本必备要素</th><th>具体说明</th></tr>
<tr><td>注意事项</td><td>说明本场直播中需要注意的事项</td></tr>
<tr><td>直播的流程</td><td>
1.根据直播流程细化直播时间安排
根据项目四“直播内容策划”，结合选品、直播时长和嘉宾特点等，确定直播整场脚本的“过款式”“循环式”或其他流程。过款式直播适合SKU多的直播间，适用于非标品或孤品SKU展示并快速成交，例如XX女鞋断码捡漏专场，有时展现形式为生产、装袋、开箱等过程，同时加入解说或拍卖环节，例如开蚌取珠、现切牛排，以促成商品转化。此外，过款式直播也适用于标品，比如SKU较多，品类较综合，货存相对较多的直播间，例如服饰类直播间或明星直播间。循环式直播适合SKU少的商家直播，一般30分钟至60分钟为一个大循环，一场直播需要大约4遍大循环，非常适合SKU少的商家打造爆品，例如XX奶茶团购套餐、XX螺蛳粉带货直播。
确认直播流程后可以按照5分钟到10分钟为一段（互动环节可适当加长），合理安排各环节，详细、具体、科学地确定开场预热、活动剧透、商品讲解、优惠信息、用户互动等各个环节的具体时间段。
过款式直播流程脚本
<table>
<tr><th>时间安排</th><th>直播内容</th></tr>
<tr><td>20：00~20：05</td><td>热场互动</td></tr>
<tr><td>20：05~20：10</td><td>介绍本场直播第一款商品</td></tr>
<tr><td>20：10~20：15</td><td>介绍本场直播第二款商品</td></tr>
<tr><td>20：15~20：20</td><td>介绍本场直播第三款商品</td></tr>
<tr><td>20：20~20：25</td><td>与用户互动环节</td></tr>
<tr><td>20：25~20：30</td><td>介绍本场直播第四款商品</td></tr>
<tr><td>……</td><td>……</td></tr>
</table>
循环式直播流程脚本
<table>
<tr><th>时间安排</th><th>直播内容</th></tr>
<tr><td>20：00~20：10</td><td>热场互动</td></tr>
<tr><td>20：10~20：40</td><td>介绍本场直播中的三款主推款商品</td></tr>
<tr><td>20：40~20：50</td><td>介绍本场直播中的一款“热款”商品</td></tr>
<tr><td>20：50~21：20</td><td>介绍本场直播中的三款主推款商品（第一次循环）</td></tr>
<tr><td>21：20~21：30</td><td>介绍本场直播中的一款“热款”商品（第一次循环）</td></tr>
<tr><td>21：30~22：00</td><td>介绍本场直播中的三款主推款商品（第二次循环）</td></tr>
<tr><td>22：00~22：10</td><td>介绍本场直播中的一款“热款”商品（第二次循环）</td></tr>
<tr><td>……</td><td>……</td></tr>
</table>
</td></tr>
</table>

续表

直播营销整场脚本必备要素	具体说明
直播的流程	整场直播的详细流程分为开场预热、直播简介/剧透、商品讲解、转场互动、复盘促单、结束阶段等六个阶段，具体如图5-1所示。 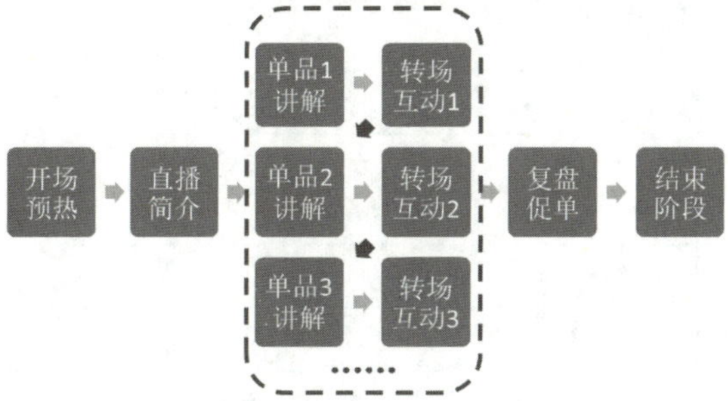 **图5-1　整场直播详细流程图** 开场预热：一般是主播和副播进行自我介绍、介绍本场直播品牌方、进行暖场互动等； 直播简介：也被称为剧透阶段，主要是介绍本场直播间有哪些产品和福利等； 商品讲解：针对主推商品进行详细讲解，是直播间商品成交的关键阶段； 转场互动：也被称为过款环节，主要作用是前一个商品讲解完成之后自然过渡到下一个商品的讲解； 复盘促单：在临近直播结束的最后阶段（以两小时直播为例，在直播的最后10分钟至15分钟）复述直播主推的商品，引导用户抓住最后机会下单购买； 结束阶段：感谢直播间用户的支持，预告下次直播时间，预热下期产品，引导用户关注，为下次直播引流。 2. 参考实战训练任务4-3“直播促销活动策划”的促销活动和实战训练任务8-1“现场互动设计”的互动活动，安排直播整场脚本的不同环节 促销活动的主要作用是提升商家销量，常见形式如满减、满赠、会员礼、充值礼、秒杀等，一般用于单品介绍环节或催单促单环节； 互动活动的主要作用是提升直播间热度，常见形式如关注主播领优惠券或领红包、点赞领优惠券、观看满一定时长后领优惠券、评论抽奖、裂变分享直播间领优惠券等，可用于直播营销的任意环节。 这两种活动安排要在脚本的目标和人员分工中清晰、明确、具体地体现，以免出现预算滥用或无法达到目标的情况。
人员分工	直播过程中，通常是主播和助播出镜，但完成一场直播还需要场控、客服等其他工作人员的配合。整场直播脚本中要对直播过程中不同环节所涉及的人员进行分工和安排，注意各个岗位人员职能上的配合，还要明确道具、中控台操作、机位等责任人。

拓展阅读一

直播整场脚本案例

拓展阅读二

整场直播权益发放节点案例

任务实施

步骤1 参考直播整场脚本案例，融入必备要素，完成直播整场脚本架构表。参考示例表5-2。

表5-2 直播整场脚本架构表

<table>
<tr><td colspan="5">直播活动概述</td></tr>
<tr><td>直播主题</td><td colspan="4"></td></tr>
<tr><td>直播目标</td><td colspan="4"></td></tr>
<tr><td>主播、副播、（嘉宾）</td><td colspan="4"></td></tr>
<tr><td>直播时间</td><td colspan="4"></td></tr>
<tr><td>注意事项</td><td colspan="4"></td></tr>
<tr><td colspan="5">直播流程</td></tr>
<tr><td rowspan="2">时间段</td><td rowspan="2">流程安排</td><td colspan="3">人员分工</td></tr>
<tr><td>主播</td><td>副播</td><td>后台/客服</td></tr>
<tr><td>19：00—19：10</td><td>开场预热</td><td>暖场互动，介绍开场截屏抽奖规则，引导用户关注直播间</td><td>演示参与截屏抽奖的方法；回复用户的问题</td><td>向粉丝群推送开播通知；收集中奖信息</td></tr>
<tr><td>……</td><td>……</td><td>……</td><td>……</td><td>……</td></tr>
</table>

步骤2 根据实战项目内容及前期的任务成果，填充步骤1的直播活动脚本架构表，撰写直播整场脚本。

任务评价

以小组为单位进行评价，具体评价指标见表5-3。

表5-3 指标评价表

<table>
<tr><td colspan="2">评价指标</td><td>评价内容</td><td>评价对象</td><td>评价手段</td></tr>
<tr><td rowspan="7">任务评价</td><td rowspan="4">职业技能（70%）</td><td>直播整场脚本相关知识（10%）</td><td>个人</td><td>在线课程平台数据</td></tr>
<tr><td>直播流程策划能力（30%）</td><td>团队</td><td>课程教师/其他团队</td></tr>
<tr><td>直播人员统筹安排能力（20%）</td><td>团队</td><td>课程教师/其他团队</td></tr>
<tr><td>良好的文字表达能力（10%）</td><td>团队</td><td>课程教师/其他团队</td></tr>
<tr><td rowspan="3">职业素养（30%）</td><td>符合规范（10%）</td><td>团队</td><td>课程教师</td></tr>
<tr><td>时间观念（10%）</td><td>团队</td><td>课程教师</td></tr>
<tr><td>团队协作情况（10%）</td><td>个人</td><td>课程教师/班级同学互评</td></tr>
</table>

任务小结

(1) 直播整场脚本内容切勿过泛,简单粗放的脚本缺乏指导意义。无法起到梳理直播流程、提高筹备效率、管理主播话术、减少突发状况、控制直播节奏、规范直播流程的作用。

(2) 直播整场脚本的必备要素为直播主题、直播目标、主播介绍、直播时间、注意事项、直播的流程和人员分工。

1+X证书直通车

《1+X直播电商职业技能等级标准(中级)》对直播整场脚本设计的职业技能要求如下:

1. 能根据直播主题,结合直播时长、嘉宾特点、直播商品,策划整场直播执行脚本;
2. 具备策划能力和脚本创意能力;
3. 具备热点话题捕捉能力,及良好的文字表达能力。

课后训练

二维码在线答题

拓展任务

(1) 观看实战项目产品对标直播间,对照观察并完善直播整场脚本设计。

(2) 根据前期拓展任务成果——家乡农特产品直播选品、排品及直播内容策划,完成家乡农特产品直播整场脚本设计。

实战训练任务5-2　直播单品脚本设计

核心概念　直播单品脚本

任务目标　根据前期收集商品信息,结合商品讲解流程完成直播单品脚本。

任务导入

课前任务一:思考在直播带货中,关于直播商品的四个问题“是什么、卖给谁、怎么卖、为什么”。

课前任务二:请在央视网搜索并观看视频《农产品直播带货乱象》,思考直播单品脚本撰写需要注意哪些问题?违反常识的夸张脚本会给产品或直播间带来怎样的后果?

知识链接一　关于撰写直播单品脚本的核心要素

直播单品的脚本是围绕促成单独的产品成交而展开的,当场次直播营销涉及的每一款产品都应当有一份对应的直播脚本。

直播单品脚本的四大核心要素包括“是什么”“卖给谁”“怎么卖”“为什么”(见图5-2)。

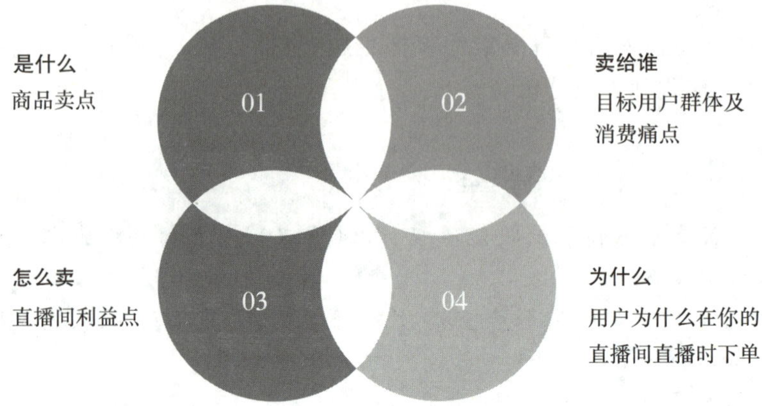

图5-2 直播单品脚本四大核心要素

是什么：指的是商品的价值，在直播营销中具体指的是商品本身的使用价值和其他外在的价值，撰写单品脚本要在解说商品详细信息时提炼商品的卖点和亮点。

卖给谁：即分析商品的目标人群和本直播间的购买人群，找到在直播间可能购买该款产品的目标人群。有时商品的购买者和使用者不同，两者需要剥离。确定人群后，要针对目标群体分析消费习惯和消费痛点。例如了解他们平时购买商品的渠道、购买的频率；消费痛点（如质疑直播平台购买的商品是否为正品，平时购买商品的渠道售价较高，不知如何选择规格、款式、品种等）。

怎么卖：根据目标人群痛点结合直播整场脚本情况确定直播间单品精准利益点。

为什么：即“用户为什么在你的直播间直播时下单”。脚本需要明确向用户展示该单品与同类商品相比的竞争优势，以及在直播间下单的好处，并强调该单品的时效性，放大购买痛点，从而促成用户下单。

知识链接二　直播单品脚本撰写方法

1. 编写直播单品脚本的基本流程

编写直播单品脚本流程通常包含话题引入、单品介绍、引导成交、销售促单等环节（见图5-3）。

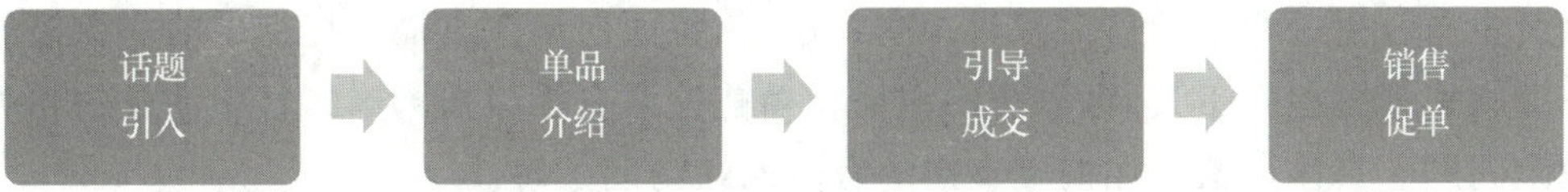

图 5-3　直播单品脚本常见流程

话题引入：主播根据直播主题或当下热点切入直播话题，例如图 5-4 中某品牌冰箱的单品脚本就是用与冰箱密切相关的食品保鲜和食品营养等话题活跃直播间气氛，调动直播间用户情绪，进而引出对该冰箱的介绍。

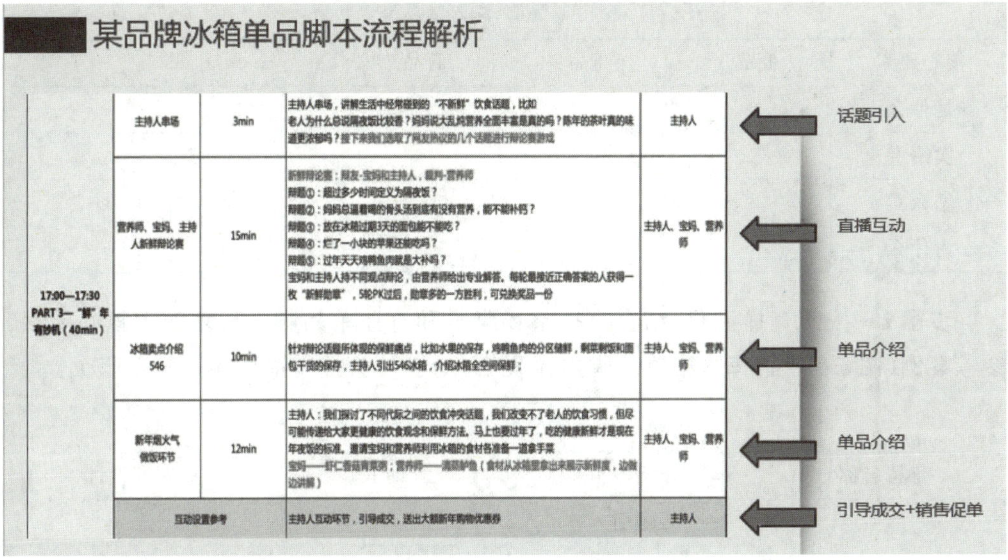

某品牌冰箱单品脚本流程解析

17:00—17:30 PART 3—“鲜”年有妙机（40min）	主持人串场	3min	主持人串场，讲解生活中经常碰到的“不新鲜”饮食话题，比如 老人为什么总说隔夜饭比较香？妈妈说大乱炖营养全面丰富是真的吗？陈年的茶叶真的味道更浓郁吗？接下来我们选取了网友热议的几个话题进行辩论赛游戏	主持人
	营养师、宝妈、主持人新鲜辩论赛	15min	新鲜辩论赛：辩友-宝妈和主持人，裁判-营养师 辩题①：超过多少时间定义为隔夜饭？ 辩题②：妈妈总逼着喝的骨头汤到底有没有营养，能不能补钙？ 辩题③：放在冰箱过期3天的面包能不能吃？ 辩题④：烂了一小块的苹果还能吃吗？ 辩题⑤：过年天天鸡鸭鱼肉就是大补吗？ 宝妈和主持人持不同观点辩论，由营养师给出专业解答。每轮最接近正确答案的人获得一枚“新鲜勋章”，5轮PK过后，勋章多的一方胜利，可兑换奖品一份	主持人、宝妈、营养师
	冰箱卖点介绍 546	10min	针对辩论话题所体现的保鲜痛点，比如水果的保存，鸡鸭鱼肉的分区储鲜，剩菜剩饭和面包干货的保存，主持人引出546冰箱，介绍冰箱全空间保鲜；	主持人、宝妈、营养师
	新年烟火气做饭环节	12min	主持人：我们探讨了不同代际之间的饮食冲突话题，我们改变不了老人的饮食习惯，但尽可能传递给大家更健康的饮食观念和保鲜方法。马上也要过年了，吃的健康新鲜才是现在年夜饭的标准。邀请宝妈和营养师利用冰箱的食材各准备一道拿手菜 宝妈——虾仁香菇青菜粥；营养师——清蒸鲈鱼（食材从冰箱里拿出来展示新鲜度，边做边讲解）	主持人、宝妈、营养师
	互动设置参考		主持人互动环节，引导成交，送出大额新年购物优惠券	主持人

图 5-4　某品牌冰箱单品脚本流程解析

单品介绍：解说单品时除了要介绍产品名称、产品特点、品牌信息及其他相关基础信息外，还要提示用户该单品在直播间的链接号及下单方法，从而有效地避免用户重复提问，促使用户下单。

引导成交：在完成单品介绍后要引导用户下单购买，脚本中可以简要复述商品卖点或亮点、适用人群、直播间的优惠和限时福利，引导用户尽快购买。

销售促单：很多用户在下单时可能会犹豫不决，因此脚本中必须加入销售促单的环节，制造商品即将售罄的紧迫感，缩短用户思考时间，促使用户马上做出购买决策并付诸行动（见图 5-5）。

图 5-5　该单品直播呈现画面

2. 播前脚本预检工具

为避免直播过程中踩坑、违规等情况发生，可采用播前脚本预检工具。以淘宝脚本预检工具为例，它是为

拓展阅读一

单品直播脚本案例(标品)

拓展阅读二

单品直播脚本案例(非标品)

避免主播直播过程中的口播素材及内容违规，特面向淘宝直播主播推出的一款播前口播脚本素材检测工具，可以帮助主播在播前检测直播口播脚本素材中涉及的相关风险问题。具体详情可在淘宝直播的官方网站访问了解。

任务实施

步骤 1 根据实战项目产品基本信息完成单品脚本的四大核心要素分析，并制成表格(见表 5-4)。

表 5-4 直播单品脚本核心要素分析表

核心要素	商品 1	商品 2	商品 3	……	……
是什么					
卖给谁					
怎么卖					
为什么					

步骤 2 按照直播流程，结合直播整场脚本和直播单品脚本规划四大核心要素，参考案例(图 5-4 某品牌冰箱单品脚本流程解析)撰写直播单品脚本(见表 5-5)。

表 5-5 直播单品脚本流程设计表

商品名称	介绍流程	时长	内容设计
商品 1	话题引入		
	单品解说		
	直播互动		
	引导成交		
商品 2	……		……
商品 3	……		……

步骤 3 根据直播单品脚本规划四大核心要素和单品脚本流程，参考案例(图 5-4 某品牌冰箱单品脚本撰写解析)完成单品解说脚本六大内容设计，并制成表格(见表 5-6)。

表 5-6 直播单品脚本内容设计表

商品名称	解说角度	时长	具体内容
商品 1	商品亮点/卖点		
	设置场景		
	抛出痛点		
	放大痛点		
	取得信任		

续表

商品名称	解说角度	时长	具体内容
商品1	释放优惠		
商品2	……		……
商品3	……		……

任务评价

以小组为单位进行评价，具体评价指标见表5-7。

表5-7　指标评价表

评价指标		评价内容	评价对象	评价手段
任务评价	职业技能（70%）	直播单品脚本相关知识（10%）	个人	在线课程平台数据
		直播商品卖点分析能力（10%）	团队	课程教师/其他团队/企业专家
		目标用户痛点分析能力（10%）	团队	课程教师/其他团队/企业专家
		直播商品利益点分析能力（10%）	团队	课程教师/其他团队/企业专家
		信息收集能力（10%）	团队	课程教师/其他团队/企业专家
		直播单品脚本撰写能力（20%）	团队	课程教师/其他团队/企业专家
	职业素养（30%）	符合规范（10%）	团队	课程教师
		时间观念（10%）	团队	课程教师
		团队协作情况（10%）	个人	课程教师/班级同学互评

任务小结

(1) 直播单品脚本是以单个商品为单位，解说单品信息，突出商品卖点，明确直播利益点，以刺激用户购买为目的的单品介绍，也被称为“宝贝讲解”。

(2) 直播单品脚本的核心四大要素包括：“是什么”“卖给谁”“怎么卖”“为什么”。

(3) 单品脚本撰写包括但不限于描述商品亮点/卖点、设置场景、抛出并放大痛点、取得信任、释放优惠等方面。

(4) 直播单品脚本的流程通常包括话题引入、单品解说、直播互动、引导成交等环节。

(5) 直播脚本的用词须谨慎并遵守相关法律法规，脚本内容可以通过各直播平台的脚本预检工具进行检测，避免出现违规违法情况发生。

课后训练

二维码在线答题

1+X证书直通车

《1＋X直播电商职业技能等级标准(中级)》对直播整场脚本设计的职业技能要求如下：

1. 能根据商品详细信息提炼商品买点和卖点，从品牌介绍、利益点强调、引导转化等层面设计单品脚本；

2. 具备策划能力和脚本创意能力；

3. 具备热点话题捕捉能力，及良好的文字表达能力。

拓展任务

(1) 观看实战项目产品对标直播间的直播营销活动，对照观察并完善直播单品脚本设计。

(2) 根据任务5-1拓展任务完成的家乡农特产品直播整场脚本设计，结合前期收集商品信息和用户信息，完成家乡农特产品直播单品脚本设计。

项目六　直播场景设计

项目描述

直播场景是影响用户进入直播后对直播间第一印象的重要因素，优质的直播场景不但能够引导潜在用户点击直播间，还能吸引新用户在直播间停留更长时间，进一步提高直播间的曝光率，并通过专业设计的直播场景，使用户更加认可直播间，提高直播间订单转化率。

在完成了“大学生网络直播创业活动”专场直播内容策划之后，小王不但需要组织直播团队撰写直播脚本，同时也需要根据直播内容策划的结果，选择合适的直播场地和设备，搭建直播间实体场景，并设计直播间虚拟场景呈现效果，完成直播间场景设计方案。

项目目标

知识目标

1. 掌握直播设备配置的相关知识；
2. 掌握虚拟场景设计的相关知识。

能力目标

1. 能根据场景不同选择适合的直播设备；
2. 能使用软件搭建虚拟直播间；
3. 能根据不同主题设计直播间。

素养目标

1. 培养学生学会如何清晰、有效地表达自己的想法和设计概念，以及如何与团队成员和用户进行有效沟通；

2. 提升学生遵守法律法规和平台规则的职业意识；

3. 鼓励学生发挥创意，设计出吸引用户的直播场景，这要求他们具备创新思维和艺术感知力。

任务导图

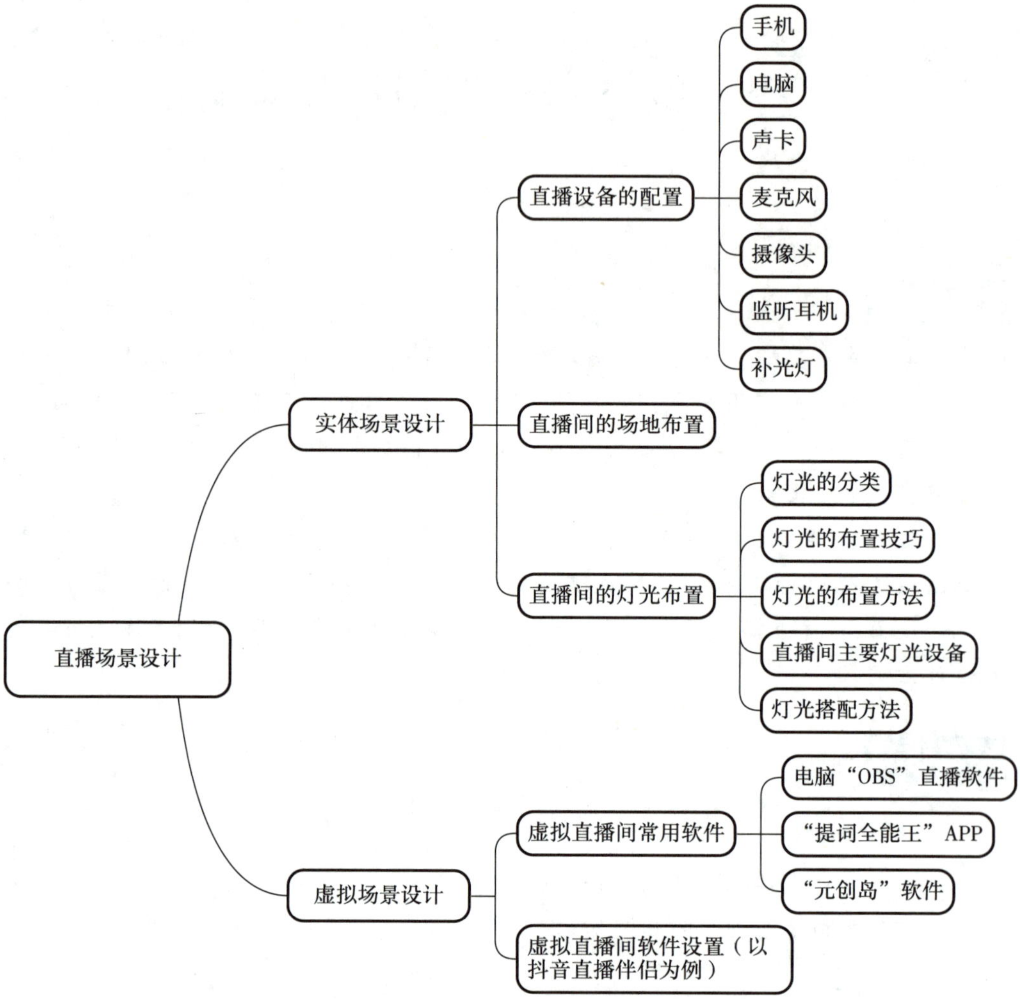

项目成果

1. 实体场景设计方案
2. 虚拟场景设计方案

实战训练任务6-1　实体场景设计

核心概念　直播间的布置方法

任务目标　掌握直播设备配置的相关知识及使用方法，并能根据不同主题设计直播间。

任务导入　请阅读材料并回答材料后的问题。

用户进入直播间的初步印象往往取决于直播画面的呈现质量。画面的清晰度、整洁度和审美吸引力是决定用户是否愿意停留的关键因素。那么，究竟怎样的直播间能够成功吸引并留住粉丝与客户呢？请大家阅读下面这个材料，并回答材料后的问题。

抖音平台有一位新晋的主播，仅直播两个月的时间，就收获了1.2万的粉丝。据了解，该主播并不依赖于短视频作品吸引粉丝，大多数粉丝是通过直播关注到他的。不少粉丝表示，该主播直播间的装修很有20世纪80年代的风格，满满的都是回忆。他们尤其喜欢直播间的布置和主播唱的怀旧老歌，甚至想向主播索要房间的一些老物件。

通过直播间公告及主播个一页面的一些信息，我们发现该主播以唱歌为主要才艺展现形式，他善于演唱抒情民谣和怀旧老歌，配合自己的特色，将直播的房间装修成了复古风格。此外，主播自己也非常喜欢一些老物件。他特意去市场上淘来一些老家具、老海报，打造出了一个复刻20世纪80年代风格的直播间场景。充满氛围感的直播环境、充满回忆的熟悉歌声很容易把用户带回20世纪80年代。不久前抖音平台针对新主播的"闪耀新星赛"，该主播更是在直播间的粉丝和用户的支持下，一举拿下全国50强的成绩。

可见直播间里的场景设计，不仅能够吸引用户，还能帮助主播找到准确的IP定位，留住标签匹配度更高的粉丝。

思考：根据材料，请问该直播间在实体场景设计方面有哪些特点？

知识链接一　直播设备的配置

1. 手机

手机是当下较为方便快捷的直播设备，而手机直播更是成为当前一种主流的直播方式。直播时需要准备两台手机进行分工合作，一台用来呈现直播画面，另外一台用来查看直播间用户的弹幕留言、播放伴奏，从而辅助直播。

挑选直播手机往往需要关注三个指标：摄像高清程度、是否是大内存，以及直播时的稳定性。直播推流对硬件的要求较高，所以我们要尽可能挑选型号较新、稳定性较高的手机设备进行转播。很多手机的前置镜头成像效果都比较差，所以直播时通常采用后置镜头直播，从而确保图像清晰度满足直播要求。

2. 电脑

电脑的显示效果要优于手机。虽然电脑的灵活性没有手机强，但是功能更丰富，更大的显示屏可以展示更多的内容信息。电脑直播推流技术对计算机CPU的性能要求较高。

3. 声卡

声卡也叫声频卡，是电脑完成声波和数字信号互相转化的一种硬件配置。声卡包括内置声卡和外置声卡（见图6-1）。其中，内置声卡能够用在台式电脑上，但要求电脑主板必须有空置的PCI插口；而外置声卡则既能够用在笔记本电脑上，也能够用在台式机上，其连接方式是通过USB进行连接的。

我们的电脑和手机里都有内置声卡，不过只能满足较为基本的功能使用。当我们需要更全面精细的功能如录音、唱歌、直播时，自带的内置声卡就往往无法满足我们的需求了。所以，主播往往会配置独立外置声卡来辅助优化直播效果，其作用在于美化声音、节省讲话力气、打造直播间气氛、一键切换美声。

图6-1　外置声卡（左）、内置声卡（右）

4. 麦克风

麦克风作为收音设备，是用来提高主播的音量、防止爆音和杂音，保证直播质量的。常用的麦克风形式是电容麦克风和动圈麦克风（见图6-2）。电容麦克风音色清澈、敏感度高，基本优于动圈麦克风，且信号范围较广，收音细腻，记录音色相较于动圈麦克风更为丰富，但其对环境要求高，适合在无杂音的环境下使用。

图6-2　电容麦克风（左）、动圈麦克风（右）

5. 摄像头

使用电脑直播时，外接摄像头可以更好地满足主播对美颜、瘦身、清晰度、拍摄角度等方面的需求。摄像头主要以高清摄像头为主。

6. 监听耳机

监听耳机也是主播必备的直播工具之一，它通过分频结构的设计，来让声音变得更加均衡。监听耳机主要是为了能够帮助主播实时了解直播间展示效果，并及时调整状态。

7. 补光灯

直播间灯光起到非常重要的作用，补光灯是除摄像头外，直接决定画质高清与否的第二大因素。补光灯的样式有很多，常见的有方块灯、椭圆灯、环形灯，以及球形灯等（见图6-3）。也可以按照实际灯光效果，选用专用的常亮摄影柔光灯来补光，目的就是让视频直播时光源更加明亮、柔和。

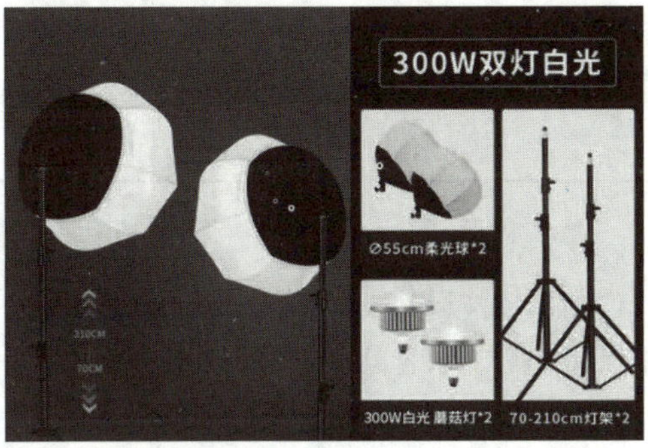

图6-3　球形补光灯

知识链接二　直播间的场地布置

在直播营销领域，直播中充分体现主播的专业性至关重要。因此，在设计直播间的实地场景时，必须综合考虑场地的尺寸、装修预算、装饰风格以及照明效果，并进行全面的规划。规划完成后，应依照既定方案精心搭建直播间，以确保空间布局和环境氛围能够充分发挥主播的专业优势，提升直播效果。具体步骤如下。

第一步，规划直播间场地。

一个理想的直播间应遵循“宽敞而不拥挤”的原则。这样的设计既能提供给用户丰富多样的视觉体验，带来视觉上的享受，同时又避免了空间的狭窄感，确保了直播环境的舒适与宽敞。

直播间的规模应根据直播内容的类型精心设计。对于美妆类直播，一个五平方米的空间可能已足够；而对于展示服装搭配和服饰的直播，则建议选择至少十五平方米的空间。直播间通常包括直播区、商品展示区、后台准备区以及其他功能区，各区域的具体尺寸和布局应根据直播内容和需求灵活调整。如图6-4所示，直播间的合理规划有助于提高直播效率和用户体验。

直播区是直播间的焦点，直接呈现在用户屏幕上，是吸引用户注意力的核心区域。其主要功能在于清晰展示主播的讲解内容和产品介绍并确保互动的流畅性。

商品展示区则应巧妙地融入直播背景。主播通过在摄像头视野内或身后设置展示区以展示商品，同时可以在画面外设置货架，从而向用户介绍更多产品。这种策略有助于即使在主推商品未能立即吸引用户的情况下，仍能延长用户停留时间，同时促进购买转化。

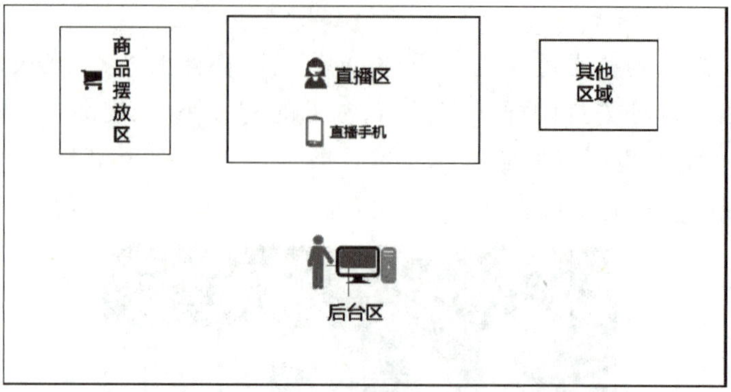

图 6-4　室内直播场地区域划分图

后台区域则为幕后工作人员提供了工作空间，其位置应根据工作人员的数量和所需设备灵活设置，并保持整洁，以免影响直播效果。

其他区域如试衣间、化妆间或设备存放区，应根据实际需求合理规划，确保直播过程中的便捷性和效率。

隔音措施对于直播间至关重要，尤其在初期规划时应予以充分考虑。对于较小且安静的空间，可在地板铺设吸音毯以减少回音。而对于较大或容易产生回音的空间，应在墙壁上安装吸音材料，以增强隔音效果，确保直播声音的清晰度。

第二步，布置直播间背景。

直播间的背景是营造氛围和提升专业感的关键元素，通常有四种风格可供选择：纯色背景、品牌 LOGO 背景、商品展示背景以及与直播内容相匹配的特色背景。选择背景时应考虑直播主题，确保设计简洁大方，避免分散用户注意力。背景色彩建议采用浅色系或冷色系，如浅灰或深黑等，以保持视觉舒适性，同时应避免使用纯白色背景，防止光线反射导致的图像模糊。

背景材料的选择是多样的，除了墙纸和背景布外，还可以利用 LED 屏幕、活动海报或实物展示货架，这些都能强化直播主题并营造适宜的氛围。科技感强的 LED 显示屏和可移动背景墙常用于大咖级主播的直播间，而专业级直播则倾向于使用带有 LOGO 和专业设计的背景墙。对于预算有限的情况，则可以选择刷漆的纯色墙壁、不反光贴纸或直播背景板。

总而言之，直播间背景的选择和布置应与直播内容和风格相协调，既要美观大方，又要实用高效，以确保直播过程的专业性与吸引力。

知识链接三　直播间的灯光布置

一个成功的直播间不仅需要精心的装修和巧妙的布局，灯光设计同样扮演着至关重要的角色。合理的灯光布局可以有效地提升主播的形象，凸显商家和企业的特色，营造出适宜的直播氛围。

直播间的照明效果是由多种照明元素共同作用的结果，这些元素包括光源类型、照射角度、光线强度和颜色温度等。合理搭配这些照明元素，可以创造出多样化的视觉体验。

1. 灯光的分类

在直播环境中，常见的照明类型包括主光、侧光、逆光、顶光和背景光，它们彼此间互为补充（见图6-5）。

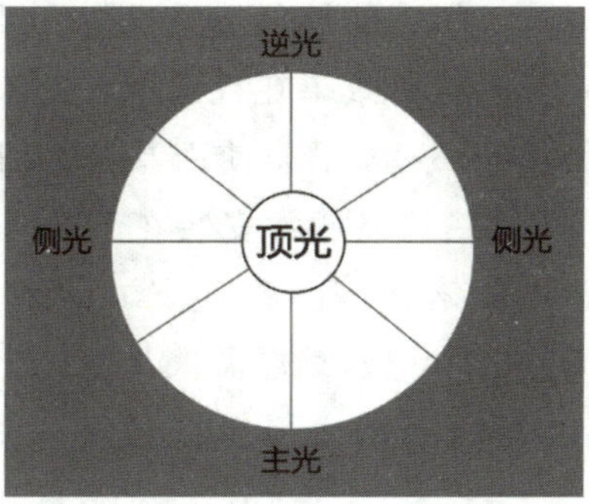

图6-5　光照角度示例

（1）主光。

主光，作为直播照明中的核心光源，其主要作用是为主播提供正面照明，确保面部和身体的主要部分得到充足的光线。这种光线通常用于营造柔和的视觉效果，强调主播的面部特征，并通过适当的亮度和角度调整，实现美白和瘦脸的效果。为了增强立体感，侧光（也称为辅光）可以以不同的高度和角度设置，以产生阴影，从而在主播的面部和身体上形成深度感。

正确的主光和侧光布局对于避免不自然的阴影和曝光过度至关重要。主光应均匀分布，避免产生过于强烈的对比，而侧光则应巧妙地补充主光，以增强主播的形象。如果照明设置不当，可能会导致面部出现不均匀的光照或产生不美观的阴影。因此，灯光的精确调整是实现专业直播效果的关键步骤。

（2）侧光。

侧光也叫辅光，是辅助主光的照明，以增强整体的立体感，从而达到凸显侧面轮廓的效果。

（3）逆光。

逆光，也称为轮廓光，一般放在主播的背后。它通过在主播身后产生光晕，勾勒出主播的轮廓，从而在视觉上将主播与背景区分开来，增强立体感。这种照明方式不仅能够使主播的形象更加突出，还能在视觉上减少主播与背景的融合，创造出一种戏剧性的对比效果。

为了进一步提升这种效果，有时会在逆光的基础上增设反光板，作为补光设备。反光板能够反射侧光和主光的光线，进一步增强主播面部和身体的立体感，使直播画面更加生动和专业。在使用补光灯时，需要注意的是，光源的强度应适中，避免过强的光线导致主播面部过曝或产生不自然的高光。

通过精心设计逆光和补光，可以有效地提升直播画面的质量，使主播在直播中呈现出更加吸引人的形象。

(4)顶光。

顶光，作为直播照明中的辅助光源，通常位于主播头顶上方，其主要作用是为主播的面部和身体提供额外的照明，同时为背景和地板增添光线，从而增强整体的立体感和瘦脸效果。顶光类似于射灯，能够从上方投射出柔和的光线，为主播的头顶和面部轮廓营造出自然的阴影，这种效果在视觉上有助于拉长面部轮廓，实现美颜效果。为了实现理想的顶光效果，通常需要使用专门的LED补光灯，并配合灯罩来调整光线的柔和度和方向。虽然顶光通常安装在吊顶上，但为了灵活性和便于调整，也可以考虑使用落地支架来安装补光灯。这样的设置允许主播根据需要轻松调整灯光位置和角度，确保光线效果符合直播需求。通过合理运用顶光，可以进一步提升直播画面的专业度和观赏性，使主播在直播中呈现出更加立体和吸引人的形象。

(5)背景光。

背景光，也称为环境照明，是直播间灯光设计中的重要组成部分，它的作用是为整个直播空间提供均匀的照明，确保背景和周围环境的光线与主播区域协调一致。这种照明方式有助于创造一个和谐统一的直播环境，避免光线的不均匀或过强的对比，从而让观众的注意力集中在主播身上。

2. 灯光的布置技巧

上面的这些灯都是网络直播中必不可少的器材，但各种灯具都有优缺点，必须搭配使用才能相互补充，调灯的过程也十分漫长，直播前必须耐心调整，以找出最合适主播的灯光效果(见图6-6)。

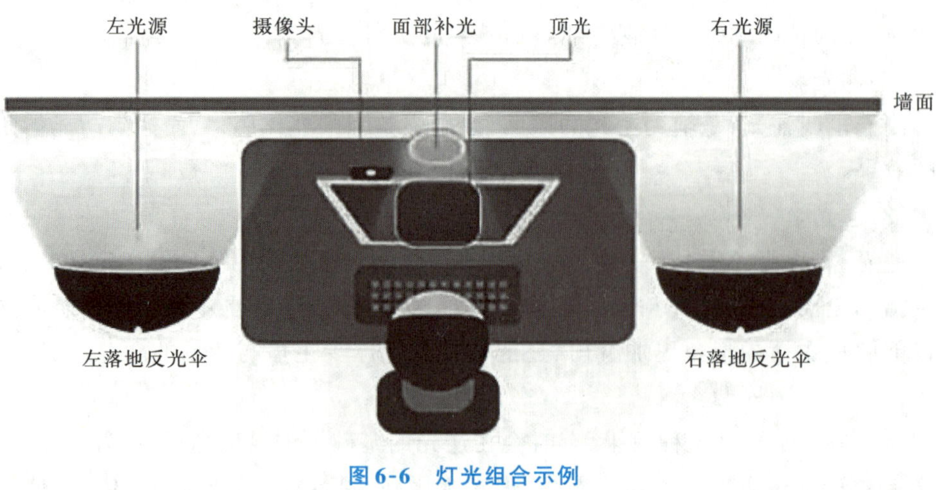

图6-6　灯光组合示例

(1)主光。

主光一般安装在主播的眼睛前方,与电视摄像机上的镜头光轴成0度或－15度夹角,从这个角度投射的光线充足而均匀,使主播的面部更加柔和,从而达到美颜的作用(见图6-7)。

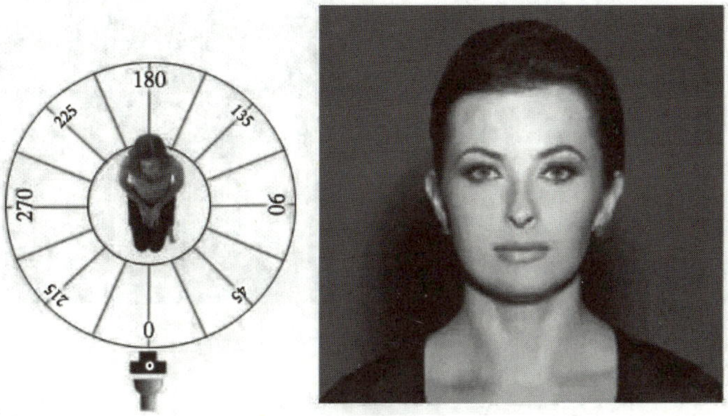

图6-7　主光示例

主光不足之处在于主播正面光照时没有阴影,使得整体画面略显呆滞,缺乏层次感。

(2)侧光。

侧光通常应安置在主播的左右两侧,呈90度角,或者在左前方以45度角投射,以在主播的面部轮廓上形成阴影,增强立体感(见图6-8)。同时,从背后以45度角投射的辅助光线能够照亮主播一侧的轮廓,与前方的侧光形成鲜明的对比,从而有效提升主播整体形象的立体感和质感。同时要做好光的调整,防止光线过亮让面部产生过分曝光或者部分过暗的现象发生。

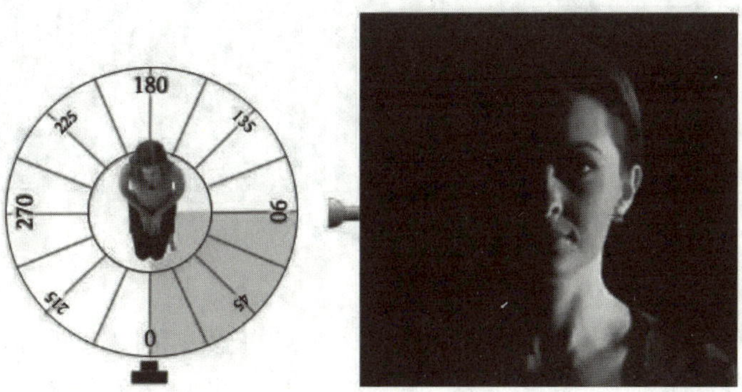

图6-8　侧光示例

(3)逆光。

逆光应恰当地布置在主播身后,以创造出逆光效果(见图6-9)。这种从背后投射的光线不仅能够清晰地勾勒出主播的轮廓,还能使主播在直播间背景中更加突出,强化主题。在设置逆光时,必须仔细调整灯光的亮度,避免过强的光线导致主播身后出现过度的光环效果，这可能会使背景部分显得过暗，并且在摄像机捕捉到强光时产生眩光。不当的逆光设置可能会产生负面效果，影响直播画面的整体质量。

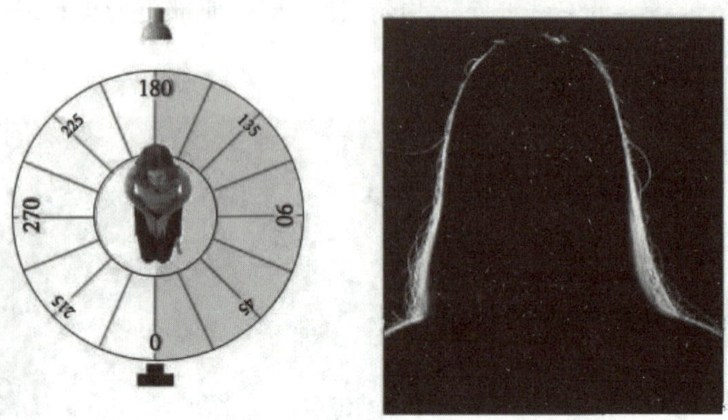

图 6-9　逆光示例

（4）顶光。

顶光，即从主播头顶上方投射的光线，能够营造出强烈的阴影效果，有助于塑造面部轮廓，同时具有视觉上的瘦脸作用。为了达到最佳效果，顶光应尽量保持在主播头顶附近，建议距离不要超过两米。需要注意的是，顶光可能会在主播的眼部下方和鼻孔周围产生阴影，因此在设置时需要仔细调整光线的角度和强度，以避免产生不自然的阴影（见图 6-10）。

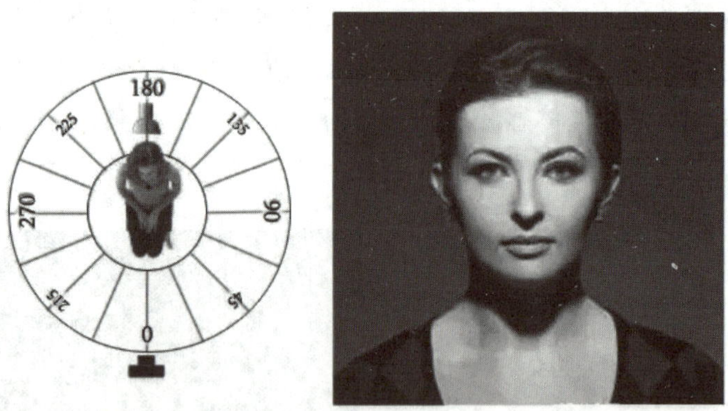

图 6-10　顶光示例

（5）背景光。

在塑造主播轮廓后，直播间的背景可能会显得较为昏暗。此时，设置背景光至关重要，它不仅能够平衡房间内的照明，还能在主播展现完美肌肤的同时，保持直播间背景的完整性。在设计背景光时，应采用低亮度、高照度的照明方式，以确保光线均匀分布，避免产生过强的对比，从而营造出和谐且专业的直播环境。

3. 灯光的布置方法

（1）立体轮廓法。

对需要增强面部轮廓立体感的主播，建议采用斜上光源照明技巧。

斜上光是指在主播头顶两侧以45度角斜向上投射的光线。在调整光线时，主播应注意观察自己头部下方是否出现明显的三角形光斑，这种照明方式正是著名的伦勃朗光法。这种布光方法能够有效强调主播的鼻部立体感，并凸显面部骨骼结构(见图6-11)。

图6-11　立体轮廓法示例

(2)蝴蝶光布光法。

为了塑造主播的精致小脸效果，蝴蝶光布光法是理想的选择。通过在主播头顶前方略微偏上的位置布置光源，可以巧妙地利用室内照明技术拉长主播的面部轮廓，特别是颧骨、嘴角和鼻翼等关键部位的阴影，从而在视觉上产生瘦脸效果。不过，这种照明技巧对于脸型较长的主播可能不太适用，因为它可能会进一步凸显脸部的长度(见图6-12)。

图6-12　蝴蝶光布光法示例

(3)顺光照明法。

顺光照明既可以用两盏灯，也可以单用一盏灯完成。设置两盏灯时，一般使用加了柔光纸的两个功率相等的灯泡，在接近镜头前后两端的地方以相等的间距，稍高于镜头的高度，把灯光投射至视频主播，但二个灯泡之间不要太高，以避免在主播脖子以上和鼻子以下形成太深的阴影。设置一盏灯时则应该略高于摄像机并在它的后面对准主播脸，如面部两侧阴影都较暗，则应该用反光片把阴影冲淡(见图6-13)。

顺光照明法，适于拍摄脸型均匀、年轻的人物头像。

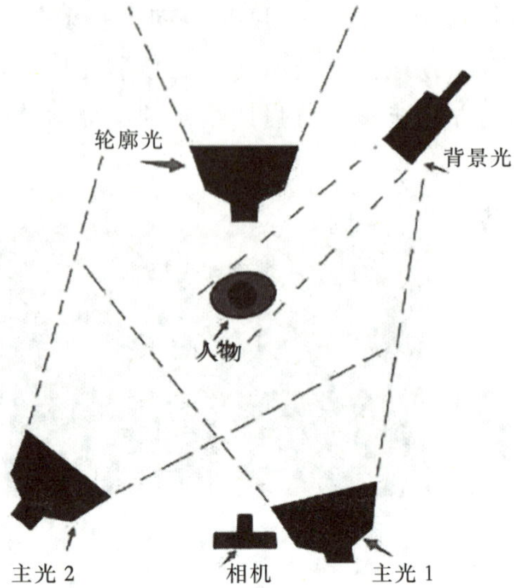

图 6-13　顺光照明法示例

(4)侧光照明法。

主播的主光源若以约 90 度的角度对准摄像机镜头，可能会导致主播面部产生较大的阴影区域。为了解决这个问题，可以采用辅助照明，如侧光，来平衡光线。对于脸型较圆或脸部轮廓不对称的网络主播，侧光照明能够有效地修饰脸部轮廓，通过阴影的巧妙运用，遮掩较宽的脸部区域，从而使主播在直播中呈现出更加和谐和吸引人的形象(见图 6-14)。

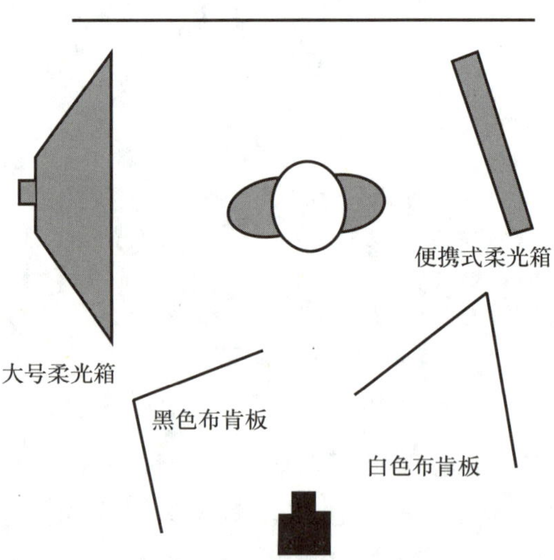

图 6-14　侧光照明法示例

4. 直播间主要灯光设备

直播间灯光搭建涉及的主要灯光包括主光、侧光、逆光和顶光，其中主光灯光设备包括环形灯、圆形面板灯、便携式 LED 补光灯、平板 LED 灯、LED 补光灯＋柔光箱、LED补光灯＋柔光球、反光板等(见图6-15)。

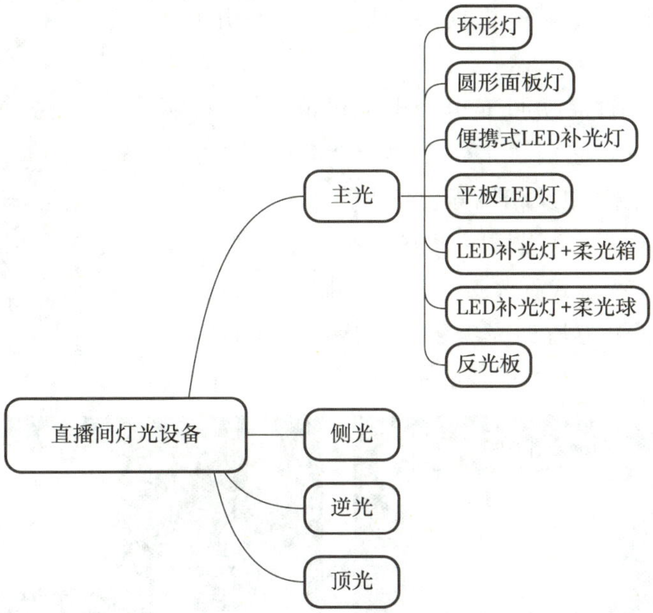

图6-15　直播间灯光设备

环形灯呈现出一种类似圆形路灯的外观,分为桌面型和落地型,配备有可调节高度和位置的移动支架。这种灯具能够调整光线的色温和亮度,提供柔和而明亮的照明效果。其显著优势在于高性价比,既能作为主光源为主播提供美颜效果,也能让主播的眼睛看起来更加明亮有神,仿佛佩戴了美瞳(见图6-16)。

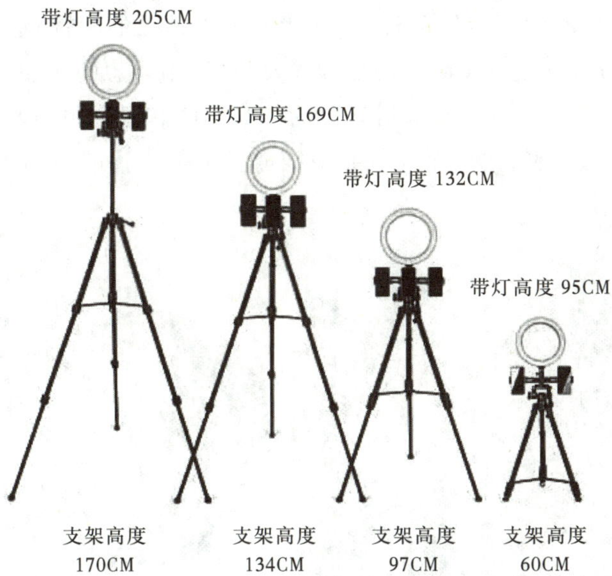

图6-16　不同高度环形灯

环形灯补光的范围因规格不同其覆盖面积也不同,但其最大的缺点是,无论规格大小,其补光的效果都稍显不足,因此圆环灯泡的改良版圆形面板灯应运而生。

圆形面板灯既解决了传统环形灯光线不足的缺陷，同时又摆脱了传统手机支架，能够独立使用（见图6-17）。

平板LED灯通常由可充电锂电池供电，并支持颜色和亮度的调整。它们通常带有热靴接口，可以方便地安装在电脑支架、单反相机等设备上。这些平板式补光灯虽然体积较小，但同样可以安装在落地支架上使用。它们具备与便携式补光灯相似的功能，既可以作为主光源，也可以作为辅助光源，适用于多种照明需求（见图6-18）。

图6-17　圆形面板灯

图6-18　平板LED灯

5. 灯光搭配方法

在照明组合中，LED补光灯搭配柔光箱是一种常见的配置，这种组合不仅适用于作为主光和侧光，还可以灵活地用作顶光，以创造出理想的照明效果（见图6-19）。根据直播间的具体需求，灯光布局可以分为半身照明和全身照明两种模式。半身照明侧重于主播上半身的照明，而全身照明则需要覆盖主播的整个身体，以适应不同的直播内容和主题。

图6-19　LED灯搭配柔光箱示例（左）、反光板（右）

(1)半身照明。

在进行半身照明时，主播前面通常需要放置一个补光设备。主光可以是桌面上的环形灯或圆形面板灯，也可以是落地式的平板LED灯。至于侧光的选择，则需根据个人需求和直播风格来定。正如之前所推荐的，侧光可以是落地式的平板LED灯，或者是结合了LED补光灯、柔光箱和落地支架的组合，甚至可以使用反光板来辅助照明。这样的照明设置能够为主播提供多角度的光线，增强直播画面的立体感和专业感。

(2)全身照明。

全身照明需要更为全面的照明设备，主光通常推荐使用落地式的大尺寸环形灯管、圆形面板灯或平板灯，也可以选择LED补光灯搭配柔光箱和落地支架。侧光的选择同样多样化，可以根据直播的具体需求和风格来决定。顶光通常使用柔光灯箱来提供柔和的照明，而逆光则可以通过反光板来增强效果。在选择补光产品时，重要的是根据所需的照明效果来挑选合适的设备。通过调整灯具的位置、光线强度和方向，可以逐步达到理想的照明效果，从而为全身照明创造一个均衡且专业的照明环境。

拓展阅读一

高转化率的直播间实体背景常见类型

拓展阅读二

农产品直播间布置技巧

任务实施

步骤1　收集不同直播平台中优质的食品类直播间例子，并制成表格(见表6-1)。

表6-1　优质食品类直播间背景要素及特点汇总表

平台名称	直播间名称	背景要素（三个以上）

注：背景要素可以围绕该直播间布置的主题、打光方式和上文介绍的直播间布置方法进行总结归类，由于直播间设计个性化设计能够更好地反映主播的风格和品位，因此汇总时应详细、具体、且体现个性。

步骤2　对收集的信息进行分析，汇总不同直播平台食品类直播间的共同点及特点(见表6-2)。

表6-2　不同直播平台食品类直播间的共同点及特点汇总表

平台名称	食品类直播间的共同点	食品类直播间的特点

步骤3 请根据分析结果，从直播设备的选择、直播场地和区域的划分、直播间实体背景的布置三个方面，完成直播间实体场景设计方案（见表6-3）。

表6-3 直播间实体场景设计方案

<table>
<tr><td>直播设备</td><td colspan="2"></td></tr>
<tr><td rowspan="2">直播场地</td><td>场地类型</td><td></td></tr>
<tr><td>场地区域划分</td><td></td></tr>
<tr><td>直播间实体背景</td><td colspan="2"></td></tr>
</table>

任务评价

以小组为单位进行评价，具体评价指标见表6-4。

表6-4 指标评价表

<table>
<tr><th colspan="2">评价指标</th><th>评价内容</th><th>评价对象</th><th>评价手段</th></tr>
<tr><td rowspan="8">任务评价</td><td rowspan="5">职业技能（70%）</td><td>直播间设备配置相关知识（10%）</td><td>个人</td><td>在线课程平台数据</td></tr>
<tr><td>直播间设备选择能力（10%）</td><td>团队</td><td>课程教师/其他团队/企业专家</td></tr>
<tr><td>直播间灯光布置能力（15%）</td><td>团队</td><td>课程教师/其他团队/企业专家</td></tr>
<tr><td>直播间实体场景策划能力（15%）</td><td>团队</td><td>课程教师/其他团队/企业专家</td></tr>
<tr><td>审美与主题把控能力（20%）</td><td>团队</td><td>课程教师/其他团队/企业专家</td></tr>
<tr><td rowspan="3">职业素养（30%）</td><td>布景价值观及合规情况（10%）</td><td>团队</td><td>课程教师/企业专家</td></tr>
<tr><td>精益求精、严谨认真（10%）</td><td>团队</td><td>课程教师</td></tr>
<tr><td>团队协作情况（10%）</td><td>个人</td><td>课程教师/团队成员互评/自评</td></tr>
</table>

任务小结

（1）搭建场景框架需要整体考虑四个方面，即什么时间、什么地点、什么人、做什么事。

（2）搭建场景的关键点包括以下六点。

① 场景赋能，将文化情绪、角色特性、店铺品位、个性赋予到场景中。

② 用户参与场景中，使人们沉浸在环境中，激发情绪，达到情感共鸣。

③ 符号植入，把原生场景复制到场景中，发生行为改变。

④ 场景融合，通过融合线下和线上的互动，产生多维体验。

⑤ 基于认知和营销闭环的场景流进化，使用户沉迷于场景。

⑥ 场景心流挖掘，拥有足够多的场景联想，打造现象级传播。

课后训练

二维码在线答题

1＋X证书直通车

《1＋X直播电商职业技能等级标准（初级）》对直播实体场景搭建的职业技能要求如下：

1. 能根据直播主题、商品类目、活动类型，结合场地大小，划分直播区、货品准备区、设备放置区等，布置直播背景，调整环境灯光，完成线下直播间的搭建；

2. 具备电商行业、广告行业、商品所属行业等的法律法规意识和保密意识；

3. 具备平台规则的学习能力。

拓展任务

根据前期拓展任务成果——家乡农特产品直播选品、排品及直播内容策划，完成家乡农特产品直播实体场景设计。

实战训练任务6-2　虚拟场景设计

核心概念　直播软件设置方法

任务目标　掌握直播软件设置的基本方法，能根据不同主题布置虚拟直播间。

任务导入　请阅读材料并回答材料后的问题。

在学习了实体场景设计后，同学们应该对直播间的布置和设计有了比较完整的了解。在设计直播间时，主播应以直播的核心内容和主题为出发点，精心构建相应的场景。整个设计过程应始终紧扣内容和主题，确保直播间的每个元素都能强化直播的主旨，从而为观众提供一致且引人入胜的观看体验。

在搭建虚拟现实演播室时，可以利用计算机技术创造出三维虚拟现实场景，并将摄像机捕捉到的角色动作实时数字化，与虚拟背景无缝融合，形成逼真的合成画面。虚拟直播间的优势在于无需实体场景，通过电脑即可构建高清的虚拟环境，实现多样化的理想场景。此外，它突破了物理空间的限制，允许创作者在时间和空间上自由发挥，创造出传统演播室难以实现的效果，极大地扩展了创意空间。所有场景的制作、调整和存储均可在电脑上完成，简化了电子布景的制作过程，节省了人力、物力和财力，同时缩短了节目制作周期，提高了直播间的使用效率。

为了实现高质量的虚拟直播，需要准备相应的直播设备。绿幕是虚拟直播间不可或缺的背景，必须确保其平整无瑕，以免影响整体效果。直播间的照明设计同样重要，需要确保所有直播区域得到均匀照明。在搭建虚拟直播间时，专业的直播设备是关键，包括性能优异的电脑、高清摄像机和采集卡，这些设备对于实现流畅的直播体验至关重要。

在构建虚拟直播间时，需要确保直播的流畅性、高清画质以及多场景无缝切换。为了达到预期的直播效果，应该选择专业的平台。专业的平台通常具可靠的技术支持和丰富的直播经验，能够有效应对直播过程中可能出现的各种技术挑战，确保直播内容的质量和观众的观看体验。

思考：请问该直播间在虚拟场景设计方面有哪些特点？

知识链接一　虚拟直播间常用软件

1. 电脑“OBS”直播软件

OBS(Open Broadcaster Software)是一款免费的影像记录与视讯即时流管理软件，是较为常用的一款专业的电脑虚拟直播软件。

OBS支持捕捉计算机屏幕、游戏画面、网页内容、文本、图片以及多媒体源等多种模式，满足多样化的直播需求。它不仅能够实现场景间的无缝切换，还能让用户自定义视频显示模式，增强了软件的实用性。

OBS还允许用户自定义直播设置，包括流媒体、音频、视频效果、转场特效、字幕和多视频源等，使其适应不同用户的应用场景。软件中的每个功能几乎都配有快捷键，如场景切换、流媒体的启动/停止、音频源的静音等，提供了便捷的操作体验(见图6-20)。尽管OBS的操作性较强，但初学者可能需要一定时间来熟悉和学习它。此外，OBS支持调整直播分辨率，并可通过插件实现主播形象的虚拟化，进一步丰富了直播内容的表现力。

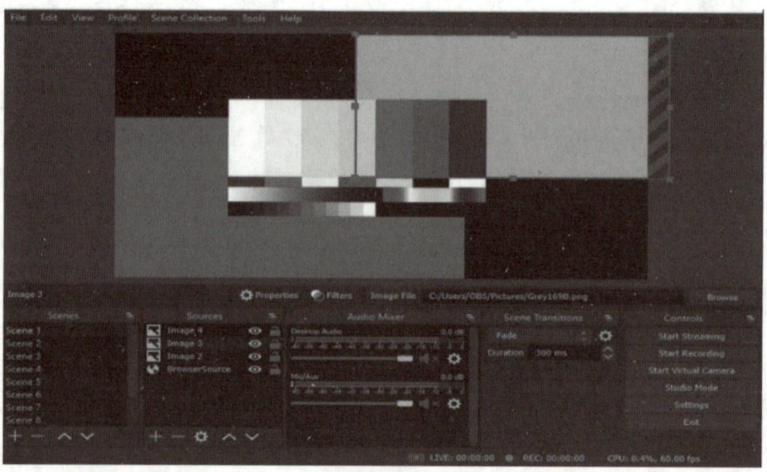

图6-20　OBS软件操作界面

2. “提词全能王”APP

“提词全能王”是一款能够在手机桌面置顶的提词器APP。用户通过软件能够自定义提示内容、设置字幕滚动效果。软件自带的悬浮器能够搭配各种直播和短视频软件,操作更加方便。

同时该款APP能够一键更换直播背景,实时调节主播在画面中的位置。在直播画质呈现方面,APP能够准确地还原主播的自然肤色。此外,这款软件还集合多样化的图像和影像处理功能,能为视频创作者提供一站式服务(见图6-21)。

图6-21　提词全能王APP操作界面

3. “元创岛”软件

元创岛是一款基于3D虚拟数字人制作、虚拟直播间打造、面部及全身动作捕捉等多种动捕方案于一体的虚拟直播软件。这一软件支持多个平台,提供上千种素材供用户选择,但需按年付费(见图6-22)。

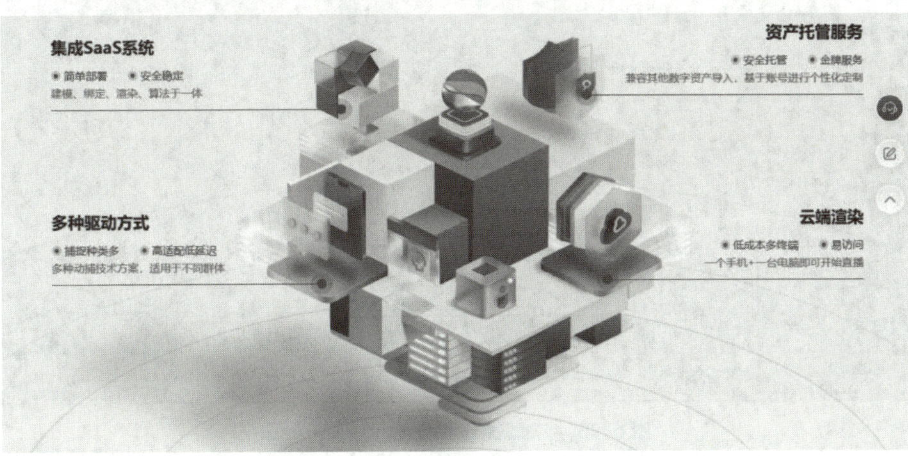

图6-22　“元创岛”软件的核心优势

知识链接二　虚拟直播间软件设置（以抖音直播伴侣为例）

抖音直播伴侣（Douyin Live Companion）是抖音平台提供的一个辅助工具，旨在帮助主播在进行直播时提供更好的用户体验和互动效果。这个工具通常具备以下功能。

直播互动：提供实时聊天、礼物互动、点赞等功能，增强观众参与感。

直播管理：帮助主播管理直播间，包括观众权限设置、黑名单管理等，确保直播环境的秩序。

直播效果：提供美颜、滤镜等效果，帮助主播在直播中呈现最佳形象。

直播内容：可能包括直播内容的策划和推荐，帮助主播吸引更多观众。

数据分析：提供直播数据追踪，如观众人数、互动量、礼物收入等，帮助主播了解直播表现并优化策略。

直播推广：可能包括直播推广工具，帮助主播扩大观众基础。

启动抖音直播伴侣后，首先映入眼帘的是位于界面左上角的场景区域，这与OBS中的布局相似。所有添加的元素都会在这里显示。界面的中央是操作台，这里可以添加多种内容，如摄像头、全屏窗口、视频、图片等，甚至包括手机画面。熟悉了直播伴侣的界面布局后，我们可以开始进行操作（见图6-23）。

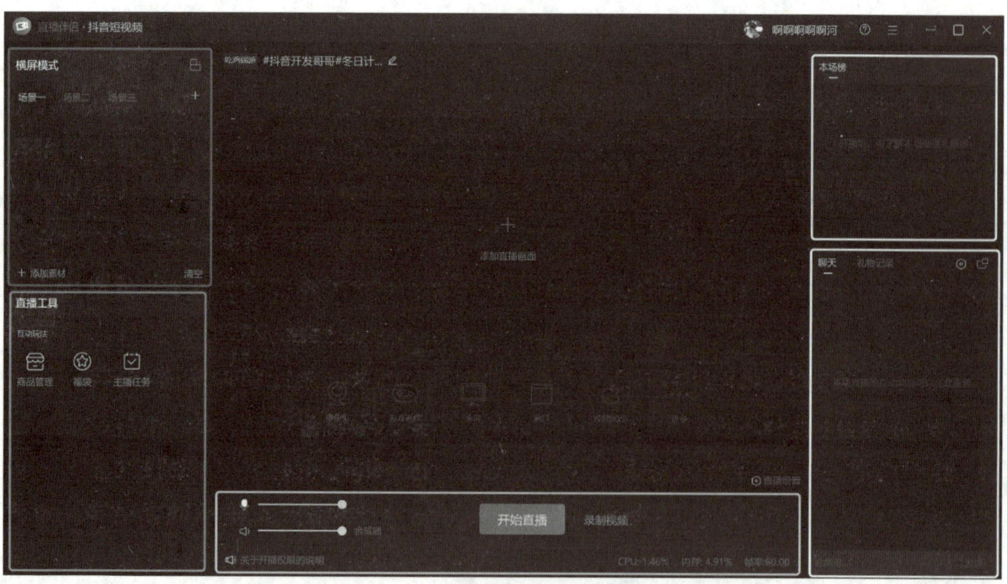

图6-23　“直播伴侣”软件操作界面

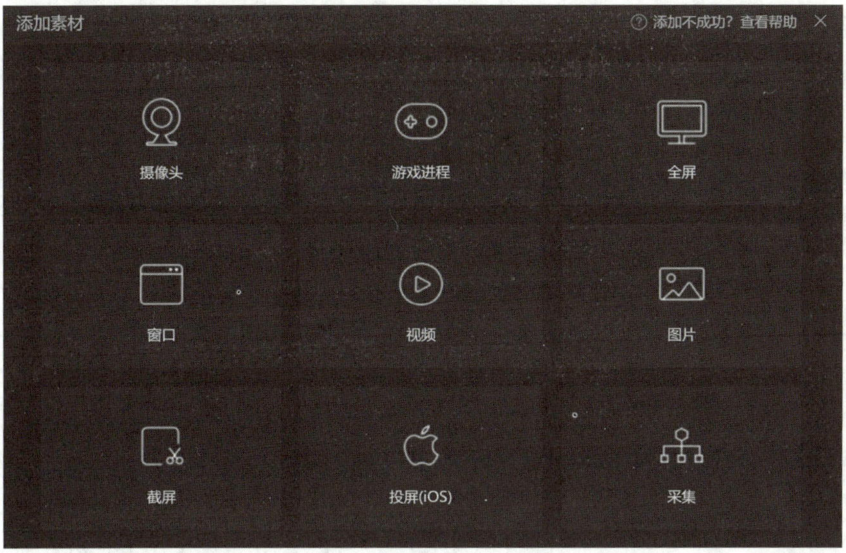

续图 6-23

首先，我们需要调整屏幕方向，从横屏切换到竖屏。在界面上找到相应的切换按钮进行设置。接下来，尝试添加摄像头。选择你想要使用的摄像头，并确保格式设置为最高清晰度以获得最佳画质。然后，将摄像头调整到合适的位置和大小。之后，我们可以添加一张图片作为背景。在场景下方的添加元素区域，点击“添加元素”按钮，选择“图片”，并挑选你想要使用的背景图片。将摄像头图层移动到图片图层之上，然后在直播伴侣中通过鼠标拖动来调整它们的位置。这样，就成功地创建了一个以图片为背景的直播场景。

接下来，我们可以通过添加视频背景来进一步丰富直播间的视觉效果。在直播伴侣中，选择“添加素材视频”选项，挑选想要播放的视频文件，并设置为循环播放模式。然后，将主摄像头的图层放置在视频背景之上，通过拖动调整其位置，确保摄像头画面与视频背景融合得当。这样，我们就成功地创建了一个以动态视频为背景的直播间场景，从而为观众带来更加生动的观看体验。

任务实施

步骤 1　确认使用直播软件的类型和名称，并完成虚拟场景的设计方案（见表 6-5）。

表 6-5　虚拟场景设计方案

直播软件	虚拟场景设计方案（设置步骤）

注：设计方案是指在确定所使用的直播软件后，梳理虚拟直播间搭建的步骤。

步骤2 按照确定的设计方案，根据步骤完成虚拟直播间的建设。

步骤3 完成虚拟直播间的搭建后试运行5分钟，测试所有软、硬件功能是否正常。

任务评价

以小组为单位进行评价，具体评价指标见表6-6。

表6-6 指标评价表

评价指标		评价内容	评价对象	评价手段
任务评价	职业技能（70%）	直播软件设置相关知识（10%）	个人	在线课程平台数据
		直播软件设置能力（20%）	团队	课程教师/其他团队/企业专家
		直播间虚拟场景策划能力（20%）	团队	课程教师/其他团队/企业专家
		审美与主题把控能力（20%）	团队	课程教师/其他团队/企业专家
	职业素养（30%）	遵守平台规则的职业意识（10%）	团队	课程教师/企业专家
		精益求精、严谨认真（10%）	团队	课程教师
		团队协作情况（10%）	个人	课程教师/团队成员互评/自评

任务小结

在搭建直播间的虚拟场景时，绿幕技术的应用需要关注以下四个关键细节。

(1) 绿幕边缘清晰度：确保人物与绿幕保持至少1.5米的距离，以避免绿边或轮廓模糊。同时，可以在人物背后设置轮廓灯，增强人物轮廓，实现人物与背景的有效分离。

(2) 绿幕照明：建议专门为绿幕设置补光灯，可以在人物与绿幕之间布置两个球形柔光灯，以确保绿幕得到均匀的照明。

(3) 服装选择：主播应穿着与绿色形成鲜明对比的深色服装，避免穿着图案复杂或半透明的衣物，因为这些可能会反射绿光，影响绿幕效果。

(4) 移动控制：直播过程中，应尽量避免人物和物品的快速移动，以减少绿幕背景可能出现的失真现象。

遵循这些细节，可以确保绿幕技术在直播中的应用效果更加自然和专业。

1+X证书直通车

《1+X直播电商职业技能等级标准(初级)》对直播虚拟场景设计的职业技能要求如下：

1.能熟悉直播平台的开通流程，在主流直播平台注册并认证账号，设置标题、封面、个人主页等内容，完成线上直播间装修；

2.能根据直播要求，检查网络信号和推流软件，调试声卡、麦克风、摄像头等音视频设备，保障直播过程顺畅；

3.具备电商行业、广告行业、商品所属行业等的法律法规意识和保密意识；

4.具备平台规则的学习能力。

课后训练

二维码在线答题

拓展任务

根据前期拓展任务成果——家乡农特产品直播选品、排品及直播内容策划，完成家乡农特产品直播虚拟场景设计。

工作模块三
直播带货

营销活动策划方案完成之后的下一步就是实施方案。直播营销策划方案的实施即直播团队按照直播脚本开展直播带货活动。在直播带货的每个阶段,都有需要完成的任务和相应的注意事项,如果某个环节出现问题,将直接影响整场直播活动的效果,甚至导致直播无法顺利进行。直播带货主要包括直播单品介绍、直播现场互动和直播销售促单三项工作。

项目七　直播单品介绍

项目描述

直播营销的核心目标在于促进商品销售。在直播间中，商品的展示和介绍是实现这一目标的关键环节。主播在推介产品时，应熟悉直播流程，并掌握针对各类商品的介绍策略。重要的是要深入了解并满足用户的需求，同时优化观众的观看体验。通过针对不同商品特性的精准讲解，主播能够有效地激发观众的购买兴趣，从而提高转化率。

在完成了“大学生网络直播创业活动”直播脚本设计之后，小王需要组织直播团队根据直播单品脚本，按照单品介绍的基本流程，设计直播间各商品的详细介绍流程，并制订对应单品介绍话术，通过直播平台进行试播，最终测试出符合自身特点的单品介绍流程和话术。

项目目标

知识目标

1. 掌握直播单品介绍的详细流程；
2. 掌握不同类别商品介绍的话术设计要点。

能力目标

1. 能根据单品脚本设计介绍详细流程；
2. 能针对不同类型的商品进行介绍；
3. 能够现场有效地展示商品的相关信息，营造真实感。

素养目标

1. 培养学生遵纪守法、公平竞争的职业素养；
2. 培养学生精益求精、严谨认真的精神；
3. 培养学生的团队合作精神和荣誉感。

任务导图

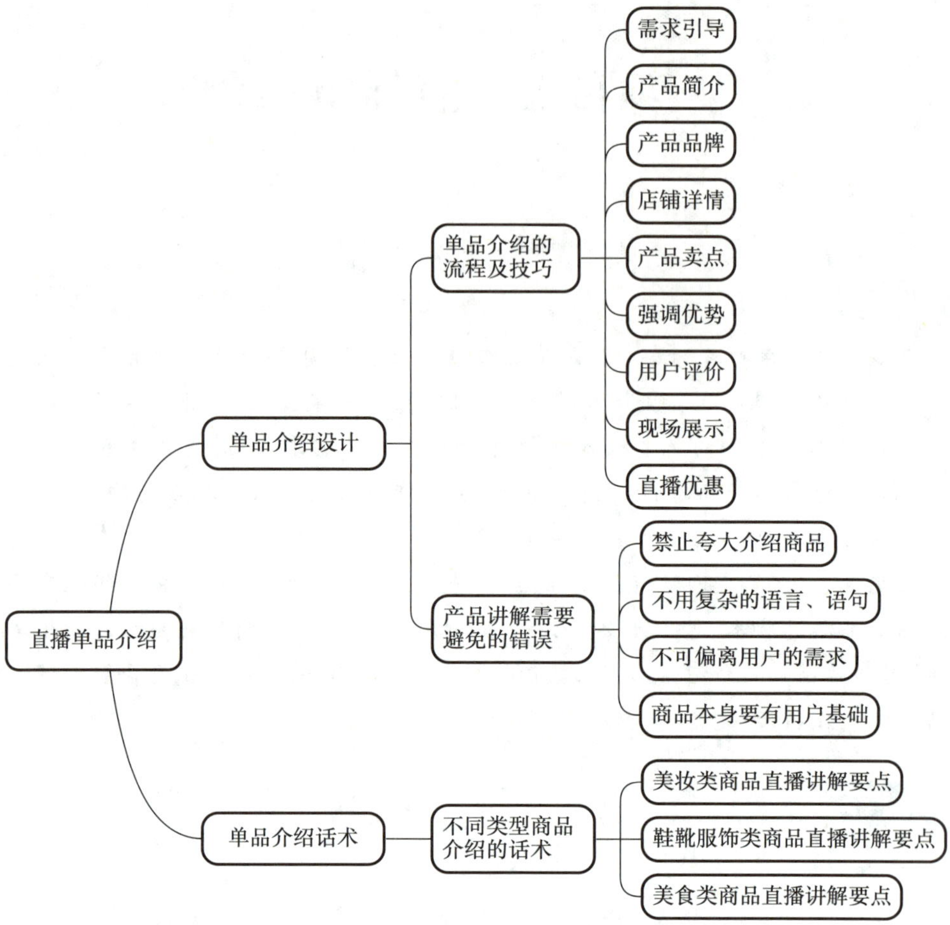

项目成果

1. 单品介绍设计方案
2. 不同商品类目单品介绍话术

实战训练任务 7-1　单品介绍设计

核心概念　单品介绍流程

任务目标　根据直播单品脚本，设计单品介绍详细流程，完成直播单品介绍设计方案。

任务导入　请阅读材料并回答材料后的问题。

一场不一般的直播

2023 年 7 月初，某主播在快手直播中，仅凭一款美容仪就实现单场直播单品客单价2 180元的情况下，成交量6万余单，销售收入更是达到了人民币1.4亿元，其中粉丝成交占比97.76%，最高ACU达到14.4万人。在直播带货普遍表现出零散化、多品化特点之际，这场直播突破了人们原有的认识。事实证明品牌升级之后的新爆款逻辑是成立的，这为电商直播及品牌端的合作带来了更多的可能性。此外，这场直播也打破了原有市场关于“用户更倾向于国际大牌”的行业观念，为国货品牌的上升之路打开了想象空间。

正如该主播在采访中所说：“好的产品，是需要说服力的，用户需要真正了解产品是否适合自己，品牌方需要有桥梁让用户了解品牌，过去的直播节奏太快，忽视了用户‘了解认知’的这个环节，而基于对粉丝和品牌的负责，我们就不能不考虑到这点，这便奠定了这次突破常规的单品合作模式。”

好的产品也需要配上好的故事才能让用户了解自身所需。从“主播被亲人种草从而反向招商”到“粉丝定制专属产品颜色”，再到“百位达人亲测扩大种草预热”最后到直播间实现转化，每一步都打得很透，这场破亿策划的每一个环节都稳扎稳打，从不同的角度逐个击破。

复盘该主播这场单品破亿的直播，不难发现背后两大参与方主播团队和品牌方的运营动作。新的选品路径、内容输出、价值传播等方面最终给用户带来了真实体验，本质上是对主播的直播间信任关系的巩固和提升。于是，这场直播表现出了不同于以往的新特点，前期至少有10个预热短视频只种草该单品，每个视频会通过不同人群、不同视角去讲述产品不同的亮点、数据等内容，通过多维度实实在在的内容把产品最真实的一面呈现给用户。

该场直播通过“高客单价高销售额”体现了新国货品牌以极具竞争力的产品价值与主播的内容传播力相结合，最终在直播过程中实现了品效合一。

（来源：网络资料）

思考：直播间进行单品介绍时应该考虑哪些方面？

知识链接一　单品介绍的流程及技巧

1. 需求引导

主播在介绍产品时，应基于产品的特点，了解用户对该产品的需求点，从而挖掘出用户对该产品的需求“痛点”，再结合自身经历或体验生动地描述出该产品在生活中的应用场景，引导用户产生购买欲望。主播在叙述过程中，要围绕产品特点和场景应用多说一点，越具体、越真实的描述，可以提升用户好感度和信任度，达到销售商品的目的。

例如针对某网红减脂零食，可利用大众春节后普遍体重增加、急需减脂的痛点，以“XX减脂零食给体重‘减负’，节后减脂好伴侣”的描述能使用户联想到自己生活中的场景，进而产生购买欲（见图7-1）。

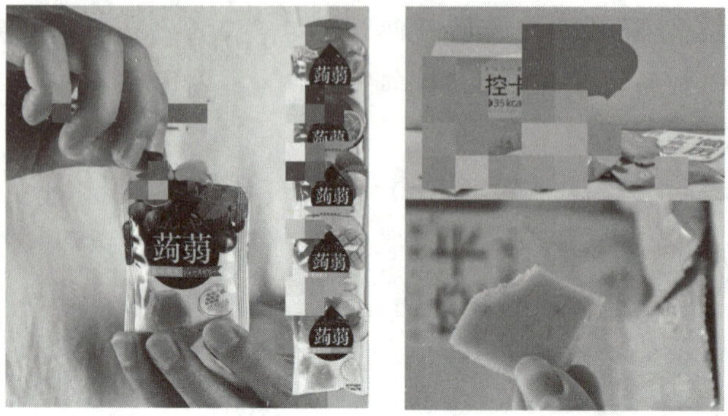

图7-1 网红减脂零食

2. 产品简介

主播在直播过程中，对商品的详细介绍是吸引用户并促成销售的基础。介绍应涵盖商品的各个方面，包括外观设计、质地、使用方法、效果展示以及使用技巧等，确保用户能够全面了解商品。例如，在介绍小龙虾产品时，主播可以从包装设计开始，详细说明真空包装的实用性，如食品级塑料板的防溅设计，以及铝盒包装的便捷性，强调其便于微波炉加热和一次性使用的特点。接着，主播可以解读产品的规格信息，如每袋的重量和小龙虾的平均重量。最后，通过描述口感，如虾肉的Q弹和鲜嫩，来吸引用户的味蕾。主播在介绍商品时，应根据产品特性进行个性化和详细的描述，以提高用户的购买意愿（见图7-2）。

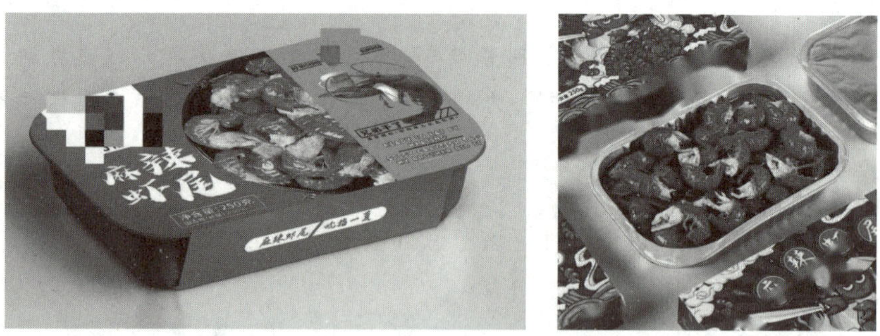

图7-2 包装即食“小龙虾”

3. 产品品牌

在直播中介绍产品品牌时，主播应深入挖掘品牌背后的故事，包括其创立和发展过程中的重要里程碑、创始人的个人经历以及品牌成长的关键事件。这些内容不仅能够传达品牌的核心理念，还能加深用户对品牌的理解，提升品牌吸引力。通过强调品牌的独特优势和价值，可以增强产品的可信度，塑造积极的品牌形象，从而有效促进用户的购买决策。一般从以下三个角度介绍产品品牌。

(1)品牌背书。

背书是一种借助第三方的知名度、声誉或权威性来为产品或服务提供认可和支持的营销策略。权威人物或机构因其“光环效应”而受到广泛认可和信任,他们的背书具有强大的说服力。当这些权威人士或机构为商品背书时,能有效提升商品在用户心中的正面形象。

品牌背书则是指品牌元素以非品牌名称的形式出现在产品包装、标签或外观上。这种元素通常代表公司的品牌标识。参与背书的名人可能是商品的代言人、推荐人,或是与商品研发紧密相关的技术团队、品牌推荐人,甚至是权威组织或其他具有公信力的机构。通过这种方式,品牌能够借助第三方的信誉来增强自身的吸引力和可信度。

(2)产品数据。

产品数据主要是指产品涉及用户使用效果的数据。例如,主播在推荐电视时,可以将该电视和其他电视的清晰度、饱和度、音响等进行对比,这些数据有助于帮助用户做出决策(见图7-3)。

98Q6E和 98X9C配置参数对比		
电视名称	98X9C	,3Q6E
产品图	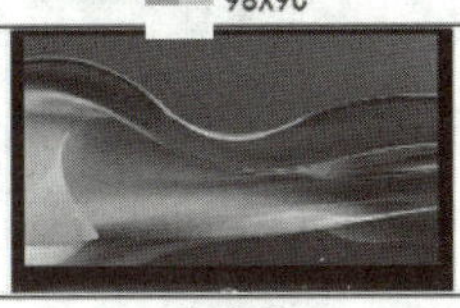	
WIFI频段	2.4G+5G	2.4G+5G
内存大小	4GB+64GB	4GB+64GB
背光方式	直下式QLED	直下式DLED
价格	45999元	21999元
当贝市场	支持	支持
边框材料	金属	金属
色域值	157%BT.700	130%BT.700
控光分区	192	/
画质技术	量子点PRO技术	Q画质引擎
芯片	四核A73（1.5HZ）	四核A73（1.3HZ）
峰值亮度	800nit	650nit
操作系统	安卓	安卓
杜比音质	杜比全景声	杜比+DTS解码
HDR显示	支持	支持
刷新率	120HZ	120HZ
扬声器单元数量	50W	50W
VRR可变刷新率	支持	支持
MEMC补偿	支持	支持
分辨率	超清4K	超清4K
支持格式	2160P	2160P
语音控制	智能语音	智能语音
屏幕尺寸	98英寸	98英寸
开机广告	有	有
摄像头	无	无
是否触摸屏	否	否
HDMI	2.1*1	2.1*3
HDMI	2.1*1	2.1*3

图7-3　两款不同电视数据对比图

(3)品牌故事。

通常，知名品牌无需主播过多介绍，因为用户对它们已有认知。因此，对于主播而言，推广知名品牌的商品相对容易。然而，如果所介绍的商品品牌知名度不高，主播可以通过讲述品牌背后的故事来吸引用户，例如品牌创立时的挑战、克服困难的过程，以及当前用户群体和行业内知名品牌的对比分析，包括产品质量、价格等方面。这样的策略有助于提升用户对品牌的兴趣和信任，从而促进销售。

4. 店铺详情

主播在直播过程中应充分了解并遵守店铺的规则，同时在介绍商品时，应突出店铺的优势，如天猫旗舰店的身份、商家资质以及高评分等，这些都是提升用户信任度的重要因素(见图7-4)。如果店铺在某些方面没有明显优势，主播在直播时应避免提及这些内容，以免影响用户的购买决策。主播应专注于展示商品的特点和价值，以及提供给用户的实际利益，确保直播内容既真实又具有吸引力。

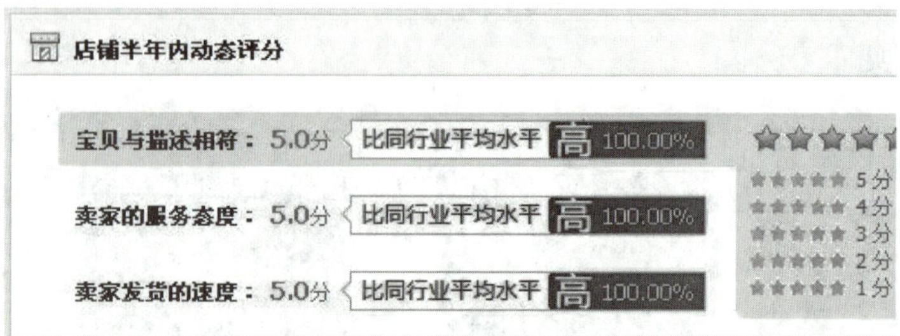

图7-4　某淘宝店铺半年内动态评分

5. 产品卖点

主播在介绍产品时，可结合使用场景介绍产品核心卖点。

(1)核心卖点。

主播应在熟悉产品的基础上总结其核心卖点，非核心卖点可作辅助介绍，以免干扰用户判断。总结核心卖点时，可以根据相关网站介绍或者向供应商寻求相关产品资料，进行归纳。例如，主播描述某款保湿水时，可先介绍产品的基本信息，以及产品成分背后所采用的先进技术，然后对产品功效也进行详细描述，最后和同类竞品进行对比，凸显产品卖点。

(2)场景描述。

将产品卖点与场景描述即使用场景相结合，可以让用户身临其境地想象出使用画面，从而激发其购买欲望，促成消费。同时，场景描述可以帮助容易冲动消费的用户，提前感知产品在生活中的使用情况，以帮助用户做出理性选择。

例如，在直播间，一位主播正在推销一款抱枕。尽管用户可能已经拥有许多抱枕，原本没有购买的意愿，但主播巧妙地转变了介绍的角度。他建议用户可以考虑将抱枕用于办公室，不仅作为抱枕和腰靠，还能装饰办公环境，甚至在午休时作为枕头使用。通过这样的场景描绘，主播激发了用户的联想，使他们意识到抱枕在工作场合的实用性，从而自然地激发了其购买兴趣，使得下单变得合理且顺理成章(见图 7-5)。

图 7-5　办公室多功能抱枕

6. 强调优势

在直播中，主播的任务是加深用户对商品的记忆和认知，以促进销售。为此，主播在展示商品时可采取多种策略，如让商品近距离展示在镜头前，突出其花色、纹理和手感等细节，或者通过反复强调商品的优点来加深印象。

以服装直播为例，主播在直播开始时会预告当天将展示的服装数量和特点，以及可能的优惠活动。在详细介绍每件服装时，主播会用大约5分钟的时间，详细解说服装的外观、材质、款式、尺码和适合的场合。在展示环节，主播会详细描述服装的设计元素，如“这件外套采用几何波浪纹设计，腰部收紧，款式独特”，以突出商品的特色。

形象化的描述有助于用户更好地理解商品优势。在试穿环节，主播会说明服装的材质、适合的体型和穿着场合，例如：“我现在穿的这套工装裙是羊毛针织面料，灯笼袖设计，适合多种体型，非常适合职场穿着。”主播还会通过触摸衣料，展示皮具的质感，让镜头前的用户感受到商品的手感和质感，从而增强购买欲望。

7. 用户评价

分享其他用户关于产品的高评分、好评率、回购率等数据，可以从侧面证明产品的受欢迎程度，以此吸引用户购买。例如，在销售某款零食时，可以说“这款零食目前已经累计销量30万份，用户评分4.9分，吃过的小伙伴都说好！”

8. 现场展示

现场试用展示是产品介绍中的关键环节，尤其是对于化妆品等需要亲身体验的商品。在直播中，主播应亲自试用并分享使用感受，以直观展示产品的实际效果，增强说服力。例如，当推荐口红时，主播应直接在嘴唇上试色，而非手背，因为嘴唇和手背的质感差异显著。主播通过亲身体验，用生动的描述帮助观众选择，如“某明星的气场色”或“某明星在《金陵十三钗》中的梅子色”，同时也会坦诚地指出产品的不足，如“黏腻感过强，不推荐购买”，以避免观众购买不合适的产品(见图 7-6)。这样的真实分享能够将主播的个人体验与观众的需求紧密结合，提升购买决策的准确性。

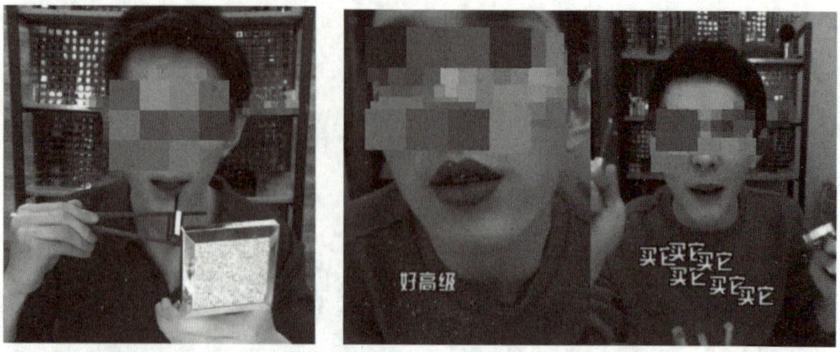

图 7-6　某主播现场展示涂口红

9. 直播优惠

主播在直播时，应巧妙地对比产品的日常零售价与直播间的特惠价，强调直播专享的优惠力度，从而在消费者心中营造显著的价格优势。例如，主播可以这样描述："这款砂锅煲仔饭，市场原价每盒30元，但今天在直播间，我们提供188元8盒的超值套餐，还额外赠送一个电煮锅。这个优惠仅限前99名，售完即止。这样的优惠力度前所未有，只在直播间独家提供。错过今天，您将无法再享受如此大的优惠。"这样的策略不仅能够吸引观众的注意力，还能激发他们的购买冲动，确保他们不会错过这一难得的购物机会。

知识链接二　产品讲解需要避免的错误

1. 禁止夸大介绍商品

主播在介绍商品时，不能为了订单量，夸大或凭空捏造商品信息或用途，直播介绍单品必须以商品真实情况为前提进行讲解。

2. 不用复杂的语言、语句

商品信息需要考虑受众群体，因此主播在介绍商品和互动销售时要使用用户容易理解的语言，便于用户记忆或进行信息的二次传播。

3. 不可偏离用户的需求

商品的卖点不仅是为了促单，更应根据用户现实需求或潜在需求而定，不能只为了增加销量，而盲目销售，容易诱发用户冲动消费，而等用户冷静下来，则通常会出现大量的退单，进而增加售后成本且降低用户购物体验。

4. 商品本身要有用户基础

直播间选品时要尽量选择有一定受众群体的产品，否则小众的产品会很难收获更多订单。

拓展阅读

直播营销的主播该如何介绍商品

任务实施

根据实战训练任务5-2的单品四大核心要素和单品脚本流程，完成单品介绍详细流程九大环节设计，并制成表格（见表7-1）。

表7-1　单品介绍流程设计

商品名称	产品介绍环节	时长	内容设计
商品1	需求引导		
	产品简介		
	产品品牌		
	店铺详情		
	产品卖点		
	强调优势		
	用户评价		
	现场展示		
	直播优惠		
商品2	……		……
商品3	……		……

任务评价

以小组为单位进行评价，具体评价指标见表7-2。

表7-2　指标评价表

评价指标		评价内容	评价对象	评价手段
任务评价	职业技能（70%）	单品介绍相关知识（10%）	个人	在线课程平台数据
		单品介绍信息收集能力（10%）	团队	课程教师/其他团队/企业专家
		单品介绍综合分析能力（20%）	团队	课程教师/其他团队/企业专家
		文字表达能力（15%）	团队	课程教师/其他团队/企业专家
		创意策划能力（15%）	团队	课程教师/其他团队/企业专家
	职业素养（30%）	时间观念（10%）	团队	课程教师/企业专家
		精益求精、严谨认真（10%）	团队	课程教师
		团队协作情况（10%）	个人	课程教师/团队成员互评/自评

任务小结

（1）商品讲解技巧会影响单品的营销效果，主播在进行单品介绍时，需要通过对产品的详细讲解，引导用户加强对产品的了解，进而产生信任，促使用户下单。主播要把控好每个环节的时间，根据用户需求，对产品的卖点及优势着重讲解。

（2）熟悉平台的规范用语，了解直播中违禁词的行为规范。

课后训练

二维码在线答题

1+X证书直通车

《1+X直播电商职业技能等级标准(中级)》对单品介绍设计的职业技能要求如下：

1. 能借助道具或模特，现场展示商品使用方法及效果，营造真实感，增强用户对商品的信任；

2. 能通过描述使用场景，将用户痛点与商品功能匹配，强调卖点，激发需求。

拓展任务

(1) 观察实战项目对标的头部主播直播间，优化调整单品介绍设计。

(2) 根据前期拓展任务成果——家乡农特产品直播单品脚本，完成家乡农特产品直播单品介绍设计方案。

实战训练任务7-2　单品介绍话术

核心概念　不同类型商品介绍话术技巧

任务目标　针对不同类型的商品，能使用相应的话术技巧进行单品介绍。

任务导入　请阅读材料并回答材料后的问题。

抖音某热门主播正在带货。他从大兴安岭聊到星辰大海，从原始森林聊到中国历史，评论区有人提醒，过去一小时粉丝又涨了40万！台下导演则提示书已经销售了50 000册。这时主播才想起来还要带货，赶紧说回要销售的书："我在读到《额尔古纳河右岸》这本书的时候，第一次对力量、对生命、对森林、对流水、对落叶、对日月、对清风、对苔藓、对起舞的萨满、对夜里的月光，充满了由衷深沉、不知所以但一往情深的爱。书中人物吃着简单的食物，坐在星空下，围着篝火喝酒聊天，他们会带着孩子去捕鱼打猎，他们也会与爱的人在落日的山巅，欣赏秋风与红叶。"

据说当时的直播间里，有80 000人同时在线。主播临场发挥的介绍，很多都有着优秀文案的特质：富有张力的排比句式，充满洞察的场景描写，还有直指灵魂的问题。

在推荐《DK博物大百科》时，主播说道："我们无法真正去踏上每一片土地，无法牵孩子的手去看每一处风景，无法听每一个诗人讲他们的故事，无法听每个科学家讲他的发现，我们的生命太短暂了，没有办法去体会这一切，但请记得，你一定可以找到一个无所事事的下午，就像你好多年前放学后无所事事的下午一样，陪着孩子翻着一本书，聊一些童年成长的故事。"

在销售某品牌野生蓝莓汁时，主播说道："那天第一批我们自己试喝的样品到了，我坐在中关村的出租屋里，喝完一瓶，屋里燥热，楼下吵闹，北四环的车流从来没有因为我的忧伤或者是兴奋而停止过，楼下还时常在夜里打电话争吵。但那一刻我坐在中关村租住的小房间里头，我的灵魂已飘向远方。”

在销售《藏在地图里的中国历史》的时候，主播说道：“我们也在努力地活着，有贷款、有房租、有压力、有爱的人，有脆弱的感情。大概就在10天前我们还在苦苦挣扎，那天晚上有1 300人陪我聊到天亮，我说我们是朋友对吗？我们能聊聊天吗？你们为什么睡不着？”

真正动人的东西不需要刻意宣传，评论里有人说：“进了他的直播间就出不去了。”

当主播话题远离销售产品的时候，评论区用户会互相提醒：“想买货的自己下单，想听课的认真听课。”还有人愤愤地表示：“努力跟着某主播跳操瘦下来的肉，让这位主播的大米和牛排又抹平了。”但最好玩的还是其中一位博主，连续四次在直播间里因为该主播不同的说辞买了四袋大米，声称自己“人生30年，从未这么离谱过”。

（来源：网络资料）

思考：在介绍不同商品时使用不同的话术技巧是否会影响商品销量？为什么？

知识链接 不同类型商品介绍的话术

1. 美妆类商品直播讲解要点

在直播间推荐美妆类商品时，主播可重点介绍商品的质地、价格、容量、使用方法，并分享使用感受（见表7-3）。护肤类产品用户首先关注的是产品安全性，因此，主播可以先在手臂上试色，直观地向用户展示护肤品的局部使用效果，然后在脸上使用商品，向用户展示整体使用效果。

表7-3 常见美妆类商品讲解要点

商品类型	讲解要点
底妆类	色号、适合的肤质、持久度、滋润度、遮瑕度等
唇妆类	色号、持久度、滋润度，是否容易沾杯，适合搭配何种腮红、眼妆等
修容类	质地（粉状还是膏状）、颜色（如偏红、偏灰）、是否飞粉、是否适合晕染等，并向用户演示 使用该商品修容的方法，展示使用商品前后的对比效果
遮瑕类	适合的肤质、遮瑕度、滋润度等
眼妆类	眼线：颜色、持久度、防水性、使用寿命、使用起来是否顺滑等
	眼影：质地、显色度、延展度、细腻度、持久性、是否飞粉等 眉笔：颜色、成分、质地是否柔和、持久度、防水性等
	睫毛膏：持久度、刷头形状、功效（让睫毛显浓密、显卷翘等）、是否有“苍蝇腿”等

续表

商品类型	讲解要点
化妆工具类	商品的用途、材质、使用方法、使用感觉等，并向用户展示使用方法
卸妆类	质地是否柔和、卸妆效果（可以将彩妆画在手臂上，并使用直播商品进行现场卸妆）、商品适用的场合（例如，卸妆湿纸巾适合在外出乘车、乘飞机等场合使用）
洁面类	适合的肤质、商品成分、使用方法、起泡情况、清洁强度，使用时间（早上或晚上），是否具备卸妆效果，洗完脸后是否有紧绷感等
面膜类	功效（补水、美白、抗皱等）、成分、使用方法（尤其是比较新奇的面膜，要向用户演示其使 用方法）、精华液含量等
面部护肤类	主要功效（美白、补水、淡斑、抗皱等）、有效成分、适合肤质、使用方法、使用后的感觉等
美容工具类	功效、使用方法、使用效果、商品安全保证、商品质量认证等

化妆品直播带货技巧主要有以下四点。

(1)讲产品。

在直播销售过程中，主播应深入洞察用户需求，精准把握用户的关注点。在介绍护肤产品时，应着重展示产品的使用效果、性价比以及成分构成。当前，消费者对化妆品成分的关注度日益提升，他们在购买前会进行详尽的研究，成分的有无往往成为购买决策的关键因素（见图7-7）。因此，主播在推荐产品时，必须对产品成分有深入了解，并掌握常见化妆品成分的作用。同时，主播应确保信息的准确性，避免夸大或虚假宣传产品功效，以建立消费者的信任。

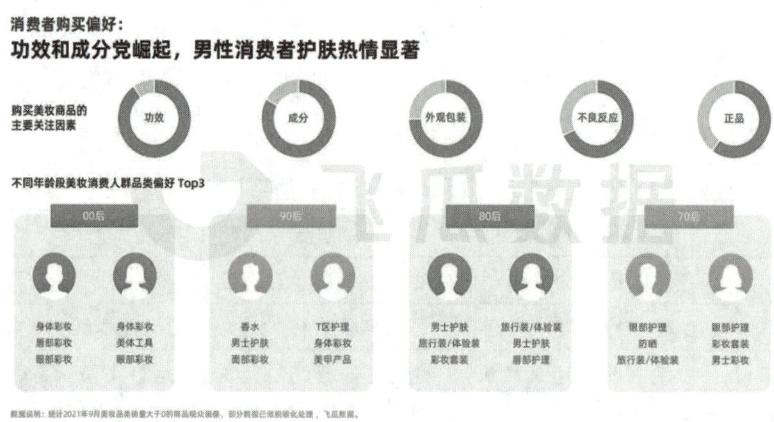

图7-7　美妆类用户购买偏好

(2)产品现场展示。

在直播中介绍产品时，主播可以采用多角度的展示方式来吸引观众。

外观设计：强调产品的外观美学，如“这款产品的时尚设计不仅提升了颜值，还考虑了实用性，使得使用过程更加便捷。”

质地体验:通过实际展示,让观众感受产品的质地,如“这款护肤品的质地轻盈,涂抹后迅速吸收,不油腻,非常适合日常使用。”

使用时机与搭配:明确指出产品的最佳使用时机和搭配建议,例如,“在早晚洁面后使用这款精华,搭配我们的保湿霜,效果更佳。”

使用效果:通过现场演示,展示产品的实际效果,如“这款眼线笔上色均匀,持久不晕染,让眼妆更加精致。”

使用技巧:分享专业的使用技巧,如“在涂抹粉底液时,采用点涂法,再用海绵轻轻拍打,可以打造自然无痕的底妆。”

使用感受:描述使用前后的变化,如“使用这款面膜前,我的皮肤干燥紧绷,使用后皮肤变得水润饱满,触感柔软。”

通过这些方法,主播不仅能够全面展示产品的特点,还能提供实用的信息,帮助观众更好地理解产品的价值,从而激发购买欲望(见图7-8)。

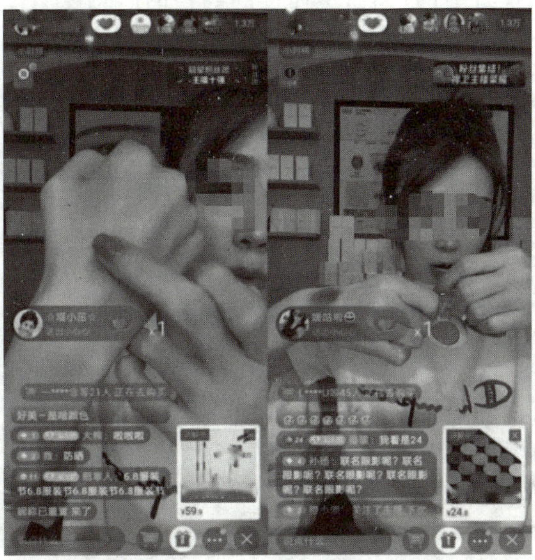

图7-8　某主播现场展示化妆品

(3)讲述品牌故事。

品牌知名度及口碑也是用户在购买美妆类产品时的考虑因素,所以主播可以从品牌的历史、研发等角度分享品牌故事,以营造出品牌的厚重感,加强用户对品牌产品的信任度。

(4)突出核心优势。

在直播间推广商品时,强调其核心优势是吸引和留住观众的关键。例如,可以突出展示商品的直播间专属优惠价格,强调其安全无害的成分,以及显著的使用效果。由于直播间观众流动性较大,主播应不断重复这些优势,确保新进入直播间的粉丝也能迅速了解商品的特点。通过这种方式,不仅能够提升商品的吸引力,还能有效促进销售,同时增强品牌在潜在消费者心中的形象。

2. 鞋靴服饰类商品直播讲解要点

在介绍鞋靴服饰类商品时，要展示商品实际上身效果，并分享穿搭技巧。

鞋靴服饰类用户的关注点一般在产品的设计风格、面料、实际上身效果、有无色差、尺码（介绍模特身材信息方便粉丝对比）、做工细节、品牌、价格等。

在讲解鞋靴服饰类商品时，一般采用以下方法。

（1）亲自试穿展现效果。

主播在直播时亲自试穿服装，全方位展示服装的穿着效果，包括正面、侧面和背面，确保用户能够清晰地看到每个角度。这种试穿展示对于鞋靴和服饰类商品尤为重要，因为它能直观地展示服装的剪裁和合身度，从而激发用户的购买欲望（见图7-9）。同时，主播可以巧妙地结合当天或近期热销的商品，如裤子、鞋子、包包、眼镜和饰品等，进行一并展示。这样的策略不仅能够提前为即将推出的商品做预热，还能在介绍其他商品时自然地展示试穿效果。用户可以根据主播的试穿效果，结合自己的身材特点，选择合适的尺码，从而提高购物的满意度。

图7-9　某主播现场展示试穿衣服

（2）介绍鞋靴服装风格。

鞋靴和服装的风格多种多样，涵盖了从复古到现代的各种潮流。例如，复古风、中国风、欧式、复古法式、田园风、波普风、小清新、个性嘻哈等，每种风格都有其独特的魅力。以汉服和旗袍为例，它们代表了典型的中式复古风格；日式学院风则以百褶裙为标志。欧式复古风则以收腰、细腰、宽肩和大裙摆为特点。从性格角度来看，还有张扬的潮人风和温婉的淑女风等。主播在直播时，应明确指出所售服装的风格定位，以便用户能够根据自己的喜好和需求做出选择。

(3)提炼卖点专业讲解。

主播在介绍产品时,除了现场试穿外,还需要提前了解衣服的特征,配合专业的讲解打动用户,强化信任感。可从面料、版型、款式、工艺四个维度提炼卖点(见表7-4)。

表7-4　服装卖点四个维度

维度	示意	示例
面料	采用什么面料，衣服弹性如何，通透性如何	这件衣服是纯棉的，弹性特别好
版型	服装版型设计有何亮点，能不能显瘦，显高	这件衣服是S型，穿上特别显瘦
款式	有哪些款式，有哪些尺码，适合哪类人群穿	这件衣服男女同款，各码数都有
工艺	使用了哪些特殊的工艺，有哪些亮点细节	衣服镶边的珠宝是手工绣上去的

(4)场景搭配风格指南。

在服装商品介绍中,展示穿着场景和搭配技巧至关重要,尤其是“一衣多穿”的概念,能有效展示服装的高性价比。主播在推荐搭配时,应直观展示全套搭配,包括服装、鞋子、帽子、眼镜等配饰,以呈现整体造型。例如:“一件简约白衬衫搭配经典蓝西装,再以灰白印花丝巾点缀,即刻焕发个性魅力,彰显独特风格。”这样的展示方式不仅丰富了用户的想象,也提升了其购买兴趣。

3. 美食类商品直播讲解要点

主播在直播间介绍美食类商品时,需要介绍商品的产地、主料、辅料、营养价值、味道、规格、价格、包装等,通过展示吃的过程,表现食物的味道、口感,也可介绍食品做法、创意吃法、搭配方法,让用户了解到食物的色、香、味。如果是需要加工的食品,要事先准备好并展示操作过程(见图7-10)。

图7-10　某主播现场制作并试吃某商品

主播结合美食类商品用户的关注点,可从以下四个维度总结讲解要点,如表7-5所示。

表 7-5　美食类商品讲解要点

维度	讲解要点
商品属性	产地、主料、辅料、规格、包装、储存方法
食用效果	视觉、嗅觉、味觉
价值功效	营养价值、安全性
价格优势	价格对比、性价比高

此外，需要注意的是，不同食品其需要讲解的重点也不同，例如在介绍生鲜类产品时，由于该类产品一般需要长途运输且容易变质，因此主播在讲解产品时除了重点突出产品的品质外，也要注重介绍产品的安全运输方式和锁鲜包装情况等，确保产品品质。

任务实施

步骤 1　根据关于单品介绍详细流程的九大环节来设计直播内容，进一步完善各环节对应的单品介绍话术，并制成表格（见表 7-6）。

表 7-6　直播话术设计表

商品名称	产品介绍环节	时长	详细话术
商品 1	需求引导		
	产品简介		
	产品品牌		
	店铺详情		
	产品卖点		
	强调优势		
	用户评价		
	现场展示		
	直播优惠		
商品 2	……		……
商品 3	……		……

步骤 2　选择任一主流直播平台，根据单品介绍设计流程，由主播和副播配合完成单品介绍各环节话术试播。

任务评价

以小组为单位进行评价，具体评价指标见表 7-7。

表 7-7　指标评价表

评价指标		评价内容	评价对象	评价手段
任务评价	职业技能（70%）	不同类别商品介绍相关知识（10%）	个人	在线课程平台数据
		商品展示能力（20%）	团队	课程教师/其他团队/企业专家
		语言表达感染力（20%）	个人	课程教师/其他团队/企业专家
		不同类型商品讲解综合分析能力（20%）	团队	课程教师/其他团队/企业专家
	职业素养（30%）	用词规范（10%）	团队/个人	课程教师/企业专家
		精益求精、严谨认真（10%）	团队	课程教师
		团队协作情况（10%）	个人	课程教师/团队成员互评/自评

任务小结

（1）在直播过程中，主播需对所售商品有全面了解，以便精准展示产品卖点、特性和优势，以及其核心属性。这有助于吸引并留住潜在客户，同时，对产品知识的掌握使主播能够直接触及消费者的需求，有效提升销售转化。

（2）不同水平的直播团队在营销话术设计上会有所差异，关键在于在现有基础上不断优化，通过持续的实践和反思来提升。避免急功近利，从准确传达产品特点出发，逐步完善话术策略。

1+X证书直通车

《1+X直播电商职业技能等级标准（中级）》对单品介绍话术的职业技能要求如下：

1.能根据商品信息和单品脚本，通过富有感染力的话术营造氛围，推介商品；

2.具备稳健、大方得体的台风；

3.具备良好的商品讲解吸引力和感染力。

课后训练

二维码在线答题

拓展任务

（1）观察实战项目产品对标的头部主播直播间，优化调整单品话术设计。

（2）根据任务7-1拓展任务完成的家乡农特产品直播单品介绍设计方案，完成家乡农特产品单品介绍各环节话术设计。

项目八　直播现场互动

项目描述

了解直播营销各环节内容是开展直播互动的起点。在直播中，精准掌控节奏、巧妙运用话术，并根据观众反馈灵活调整互动内容，是决定直播成功与否的关键因素。这要求主播具备敏锐的洞察力和应变能力，以确保直播内容既吸引人又能有效促进销售。

在完成了“大学生网络直播创业活动”整场直播的详细流程设计之后，小王需要组织直播团队根据直播间目标用户特点，结合直播目标、直播主题、直播促销活动及整场直播流程安排等，对直播互动活动进行整体设计，完成直播现场互动设计方案；并根据主播IP和互动方案，进行各互动环节的话术设计；最终通过直播平台进行试播，测试出符合自身特点的现场互动活动和话术。

项目目标

知识目标

1. 了解不同直播互动方式的实施环境；
2. 掌握不同直播互动方式和互动技巧的实施流程；
3. 了解不同环节直播互动话术特点；
4. 掌握不同种类直播互动话术的写作要点。

能力目标

1. 能使用不同互动方式，活跃直播间气氛；
2. 能有效维护评论区秩序；
3. 能有效处理直播间突发危机；
4. 能运用不同互动环节的话术，取得预期直播效果。

素养目标

1. 培养学生遵纪守法、诚实守信的职业素养；
2. 培养学生用词规范意识；
3. 培养学生临场应变能力；

4. 培养学生耐心解答用户问题的工匠精神；

5. 培养学生的团队合作精神和荣誉感。

任务导图

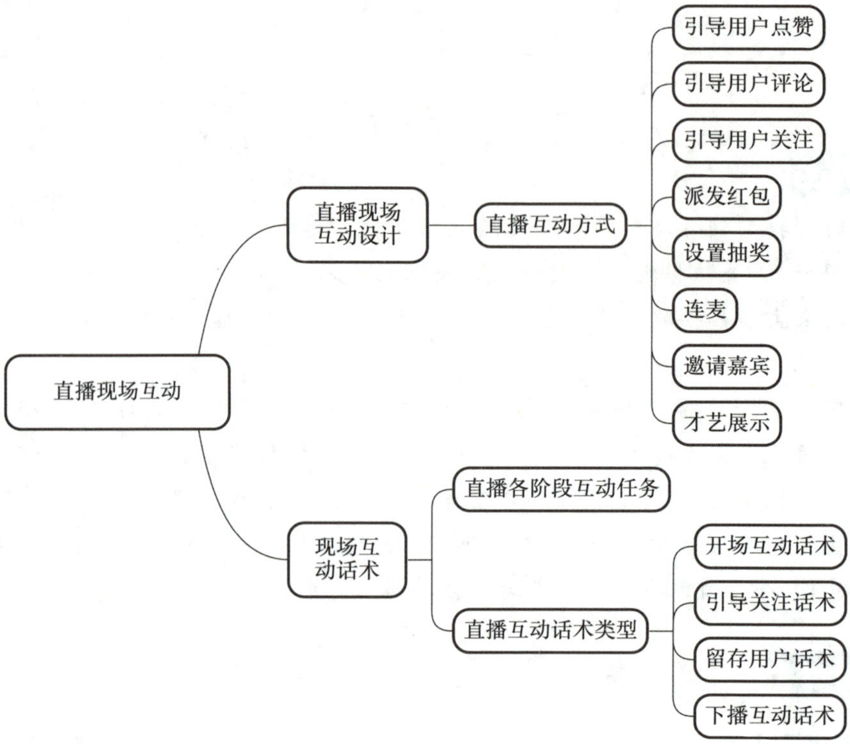

项目成果

1. 直播现场互动设计方案

2. 直播现场互动话术

实战训练任务 8-1　直播现场互动设计

核心概念　直播互动方式

任务目标　根据主播特点和商品特征，选择合适的互动方式，完成直播现场互动方案设计。

任务导入　请阅读材料并回答材料后的问题。

公益+直播也是"诗和理想"

2019 年 12 月 12 日晚，B 名人、A 主播首次在某平台同台公益直播，为贫困县农产品带货。在直播中B名人首次涂起了口红，还跟A主播的宠物犬有爱互动，名为"#B名人涂口红#"微博话题阅读量高达2.5亿。当晚，40万斤内蒙古自治区兴安盟扎赉特旗特产扎赉特大米5秒售空，5万罐山核桃5秒售空，12万袋某某燕麦面7秒售空，预计带动三地1 114户贫困户共计增收439万元。除了明星主播，在广袤的乡村，还有不少农民也走在直播脱贫的路上。截至2019年11月底，某平台公益直播超过120万场，带动农产品成交40亿元，农民主播已超过5万名。

汽车营销的新春天

某汽车代言人以及被称为"民间发明家"的某嘉宾，在位于首都的该汽车工厂开启直播卖车活动。最终，两个半小时直播期间，用户累计预订该品牌汽车

1 623台，订单金额达2.2亿元，创全国年度整车厂商直播预订量新纪录。对于汽车行业来说，品牌营销传播已经进入一个全新的时代，过去简单的广告投放式和活动式传播思路亟待转变。借势直播以及短视频平台销售，有助于汽车品牌打破陈旧营销思路成功触达Z世代用户。

创始人直播很"吸睛"

2019年双11期间，某燕窝品牌在天猫平台销售额突破亿元大关，成为首个进入天猫亿元俱乐部的中国传统滋补品牌，同时成为两大电商平台燕窝单品销量冠军，全网销售额达到1.3亿元，同比2018年双11销量增长302%。从11月4日开始，该品牌创始人每晚都在淘宝直播与粉丝面对面沟通，每晚观看量均达到1万多次，互动节奏紧凑，热度居高不下。直播期间，该品牌的鲜炖燕窝每晚销量都在百万以上，年卡销售量飙升，"创始人来了"的直播影响力出乎意料。可见，创始人亲自直播，也是一种特殊的营销策略，能够助力品牌触达目标用户群体，深化品牌形象。

思考：直播间商品的互动方式有哪些？

知识链接　直播互动方式

互动指标是直播平台考核直播间的重要指标之一，互动氛围好的直播间能感染用户、调动用户的热情，吸引更多的人进入直播间，所以主播一定要善于引导直播间的用户展开互动，创造直播间热闹的氛围。直播间常用的互动方式有以下8种。

1. 引导用户点赞

直播间的点赞数代表着主播的人气值和直播间的活跃度，点赞数越多，主播的人气越高，也越能吸引更多用户进入直播间。引导用户点赞的常用方法是，点赞数达到某个数值时触发一些福利活动，比如发放优惠券、红包、商品限时折扣、秒杀、抽

奖等实际福利，也可以是主播才艺表演、嘉宾出场等隐形福利。

比如主播可提醒用户“全场点赞数量达到5万时开启一轮红包派送”。同时，可引导用户将直播间链接分享给朋友，邀请朋友一起参与点赞，争取尽快领取福利。

2. 引导用户评论

主播可以采用多种方式引导直播间用户参与评论。

(1)提问。

主播首先提出问题、形成话题，让用户参与话题讨论再引出商品介绍。

(2)聊天。

主播通过聊生活趣事等方式，与用户搭建起像朋友一样平等对话的场景。这种做法可以让主播获得用户的好感，拉近与用户之间的距离，从而使用户认可主播推荐的商品并进行购买。

(3)游戏互动。

主播可以在直播间与用户玩小游戏，游戏环节可以与商品相关，或者由游戏引出商品，也可以作为福利环节与用户互动送出礼品，如猜谜语或脑筋急转弯。游戏应尽量新颖有趣，以便吸引用户参与游戏互动，从而活跃直播间氛围。

(4)商品知识问答。

直播中的行业和商品知识讲解、互动问答不但可以帮助观看直播的用户了解商品详情，还可以体现出主播的专业形象，提升用户对商品和品牌的信任度。

3. 引导用户关注

在直播过程中，引导用户关注主要有两个目的：首先，增加直播间的粉丝数量可以激活平台的推荐系统，提升直播间的曝光率和页面推送频率，从而吸引更多流量；其次，通过引导粉丝关注直播间或加入粉丝社群，主播能够将流量转化为私域流量，便于后续的精准营销和用户黏性建设，实现从吸引关注到流量沉淀、转化和裂变的营销闭环，最终实现私域流量的积累和变现。

4. 派发红包

发放红包是一种直接且有效的激励手段，旨在吸引用户关注并增强主播与观众之间的互动。以下是发放红包的步骤。

预告时间：提前通知用户在5—10分钟后或达到特定条件时将发放红包，鼓励用户进入直播间观看，以增加访问量和观看时长。

多平台发放：在直播间（如淘宝、天猫）之外的平台（如支付宝、微信群、微博）发放红包，要求用户加入粉丝群，以规避平台限制并为社群运营打下基础。

倒计时派发：在约定时间或条件达成时，主播和助理共同进行倒计时，营造紧张气氛，促使用户停留更长时间。

此外，一些平台提供福袋功能，通过平台币形式发放福利，用户可直接提现。其操作流程与发放红包类似。

5. 设置抽奖

抽奖是直播中常用的互动方式，尽管有些主播担心抽奖会拖慢直播节奏，更倾

知识活页

21天法则

向于详细讲解产品。然而，用户参与抽奖的兴奋感和期待可以增强粉丝的忠诚度。根据“21天法则”，粉丝的频繁互动和停留最终可能转化为购买行为。因此，主播应精心设计互动环节，以培养粉丝的长期参与。

抽奖的基本原则包括：奖品应为直播间销售的产品，优先选择热销商品或主推新品；抽奖环节应分散进行，将大奖安排在直播后期，并将抽奖穿插在直播流程中；主播可以根据点赞数、粉丝数和互动次数等因素来决定抽奖时机，以提升直播数据。

不同直播平台的抽奖设置有所不同。有些平台支持后台自动抽奖，而有些则需要主播或助手手动截屏进行抽奖。在进行抽奖前，主播应清晰说明抽奖规则，确保用户理解以免造成误解引发不满。

6. 连麦

所谓连麦，是指两个主播在直播过程中连线通话。连麦可以让主播之间互相引流涨粉。

(1)账号导粉。

账号导粉是指引导自己的粉丝关注连麦对方账号，对方也会用同样的方式回赠关注，从而实现互利互惠，但账号导粉一般使用在矩阵账号中。在直播的时候，主播可以和对方主播互动，也可以点评对方的表现。同时还可以引导粉丝去对方直播间抢红包或者领福利，提高对方直播间数据，达到帮助对方直播账号迅速起号的目的。

(2)连线PK。

连线PK是指在主播在直播中，对另一个直播间的主播发起挑战。对方接受挑战后，直播界面会一分为二，同时显示两个主播的画面，双方粉丝也会进入同一个直播间中。当两个主播成功进入PK模式后，双方粉丝通过点赞、刷礼物等方式为自己支持的主播加油助威。这种方式能刺激粉丝消费，提升主播人气，但单纯口头PK也可能会引起部分用户反感，所以最好在连线PK时表演一些才艺，或者给粉丝一些福利。

知识活页

矩阵账号

7. 邀请嘉宾

(1)名人或明星。

头部主播一般会邀请与品牌宣传有较大联系的名人进入直播间。名人和主播的互动可以互相吸粉，同时，为直播间销售的商品进行宣传和推广。

(2)企业领袖或创始人。

众多企业领袖和创始人认识到直播的影响力和营销潜力，纷纷亲自走进直播间，分享企业文化、推广新产品和介绍活动优惠。他们的参与不仅为直播间带来了显著的成功，也提升了主播的权威性和说服力。领导层的亲自站台，增强了直播内容的吸引力和信任度。

以某农产品企业直播为例。抖音平台知名主播G老师开启首场助农直播，该农产品企业CEO孙某作为嘉宾共同参与直播，双方合力，共同推广原产地高品质农产品，以直播带货的形式助力乡村振兴。整场直播，孙某以其幽默的谈吐，拉近了用户与品牌的距离，主播G老师则围绕农产品分享了产地地理、历史、文化知识以及自己相关的见闻。良性的互动为直播间涨粉无数，极大地拉动了直播间产品的销量。

（3）专家或产品设计者。

邀请与直播主题相关的领域专家或产品设计者围绕直播主题进行分享，或者与用户开展话题互动，可以有效提升直播间的专业程度，更容易获得用户信任从而促进购买转化。

拓展阅读

新手主播互动技巧

8. 才艺展示

主播和嘉宾可利用个人才艺与观众互动，如在直播间达到特定点赞数或销售额后进行表演，以此提升直播间的活跃度和粉丝黏性。在设计互动环节时，应考虑多种互动方式相结合，并确保直播全程保持互动，避免任何环节出现冷场。

任务实施

步骤1 根据直播间目标用户特点，结合直播目标、直播主题、直播促销活动及整场直播流程规划等，对直播流程不同环节互动方式进行整体设计，完成直播各流程互动活动设置（见表8-1）。

表8-1 直播各流程互动活动设置

直播流程	直播时间	互动活动设置
开场预热		
直播简介		
单品1讲解		
转场互动1		
单品2讲解		
转场互动2		
……		
复盘促单		
结束阶段		

步骤2 根据主播特点、商品特征及实时热点，结合直播各流程互动活动设置，设计各个互动活动的具体玩法，完成直播现场互动设计方案（见表8-2）。

表8-2 直播现场互动设计方案

直播流程	互动活动	活动时长	具体玩法
开场预热			
直播简介			
单品1讲解			
转场互动1			
单品2讲解			

续表

直播流程	互动活动	活动时长	具体玩法
转场互动 2			
……			
复盘促单			
结束阶段			

任务评价

以小组为单位进行评价，具体评价指标见表 8-3。

表 8-3　指标评价表

<table>
<tr><th colspan="2">评价指标</th><th>评价内容</th><th>评价对象</th><th>评价手段</th></tr>
<tr><td rowspan="9">任务评价</td><td rowspan="6">职业技能（70%）</td><td>互动方式及玩法相关知识（10%）</td><td>个人</td><td>在线课程平台数据</td></tr>
<tr><td>互动方式与目标用户特点匹配能力（10%）</td><td>团队</td><td>课程教师/其他团队/企业专家</td></tr>
<tr><td>互动玩法与主播特点匹配能力（10%）</td><td>团队</td><td>课程教师/其他团队/企业专家</td></tr>
<tr><td>互动玩法与商品特征匹配能力（10%）</td><td>团队</td><td>课程教师/其他团队/企业专家</td></tr>
<tr><td>实时热点捕捉能力（10%）</td><td>团队</td><td>课程教师/其他团队/企业专家</td></tr>
<tr><td>互动活动策划能力（20%）</td><td>团队</td><td>课程教师/其他团队/企业专家</td></tr>
<tr><td rowspan="3">职业素养（30%）</td><td>遵守平台规则（10%）</td><td>团队</td><td>课程教师/企业专家</td></tr>
<tr><td>时间观念（10%）</td><td>团队</td><td>课程教师</td></tr>
<tr><td>团队协作情况（10%）</td><td>个人</td><td>课程教师/团队成员互评/自评</td></tr>
</table>

任务小结

（1）在直播平台上，主播应通过多样化的互动活动来提升直播间的权重。如果直播产品与主播风格不匹配，可以考虑利用账号矩阵进行推广。例如，避免在美妆主播标签下推广服饰类商品，以免账号受到处罚。在确立 IP 后，主播应在选品、排品和互动中制定全面的运营策略，特别是在数据下降时，采取适当的互动方式来提升数据。

（2）对于新主播，可以优先采用红包和福利等互动方式来吸引观众，同时在直播中穿插其他互动玩法，以建立主播形象和吸引新粉丝为主要目标。在数据表现良好后，可以逐步引入利润较高的产品。

(3) 主播需要熟悉平台对推广商品的具体规则，包括直播间的敏感词汇等，以确保直播内容符合平台要求，避免麻烦。

1+X证书直通车

《1+X直播电商职业技能等级标准（中级）》对现场互动设计的职业技能要求如下：

1. 能根据实时热点，结合主播风格、互动玩法，策划互动脚本；
2. 具备策划能力和脚本创意能力；
3. 具备热点话题捕捉能力，及良好的文字表达能力。

课后训练

二维码在线答题

拓展任务

(1) 选择3个粉丝数在100万以上的实战项目同类产品直播间，每个直播间至少观看两场直播，记录该直播间各流程互动活动及具体玩法，对照观察并优化调整直播现场互动设计方案。

(2) 根据前期拓展任务成果——家乡农特产品直播整场脚本中的直播流程规划，完成家乡农特产品直播现场互动设计方案。

实战训练任务8-2　现场互动话术

核心概念　直播现场互动话术

任务目标　根据直播现场互动设计方案，结合主播IP和产品特点，完成直播各互动环节话术设计。

任务导入　以下是某知名主播直播不同阶段话术模板，分别包括欢迎话术、活动话术、引导话术、感谢话术等等。

1. 欢迎话术

"所有女生，你们的××又来咯。"

"关注主播不迷路。"

"欢迎各位来到我的直播间，进来直播间的是小哥哥还是小姐姐呢？刷刷弹幕让我看到你们。"

2. 活动话术

(1) 制造稀缺感："我只有几万份""×××最近都没货，可能下个月才会来给大家秒杀""这个促销活动的力度是很稀缺的，无论是打折，还是买赠，错过了就要等明年。"

(2) 活动仪式感："所有女生！你们准备好了吗？3、2、1，上链接！"

3. 引导话术

故事引导：和老板沟通"全网最低价"的过程；去生产现场感受"专业的现场"故事；"为什么要选择它"的故事。

趣味引导：双11预售直播时，其中一个产品的库存是13万件，A主播对用户开玩笑表示"如果这个抢不到，就可以直接睡了，其他应该也抢不到"；××粉胶售空时，A主播告诉用户"粉胶已经告别双11了"，还唱了一首《再见》送给用户。

关系引导：当销售的是明星代言的产品时候，可在线呼叫"××明星粉丝在不在？"

福利引导："今天在我的直播间买50毫升，再送×××，买50送50，这样的福利只在我的直播间，下次就得等到双11了。"

4. 关注话术

每隔几分钟就重复"喜欢主播的朋友可以多多关注我们的直播间""关注主播不迷路。"

思考：直播间互动话术应如何设计才能更有吸引力？

知识链接一　直播各阶段互动任务

一场直播中各阶段的互动活动都有其不同的任务，因此直播流程中不同环节的互动活动话术也应根据该阶段的任务进行设计，才能达到预计的互动效果。直播不同阶段的互动任务如表8-4所示。

表8-4　直播各阶段互动任务

直播流程		阶段任务
开场预热		暖场，积聚人气
直播简介		留住用户
单品讲解	话题引入	引起用户共鸣
	单品介绍	推荐商品
	引导成交	激发购买欲望
	销售促单	促使决策
转场互动		自然过渡到下一款商品
复盘促单		促进最后一波转化成交
结束阶段		为下一场直播引流

知识链接二　直播互动话术类型

1. 开场互动话术

开场互动话术对于直播的成功至关重要，它不仅能为直播营造氛围，还能吸引并留住观众。主播可以用个性化的欢迎语开场，同时简要介绍直播内容和即将提供的福利，以激发观众的兴趣。对于新手主播来说，开场时表达对观众的感激之情和对直播事业的执着追求，不仅能够展现真诚，还能缓解紧张情绪，增强自信。一个精心设计的开场，能够有效地为直播打下良好的基础。常见的直播开场互动话术如表8-5所示。

表 8-5　直播开场互动话术示例

序号	直播开场互动话术
1	欢迎大家来到我的直播间，主播是直播新人，希望大家多多支持，多多捧场哦
2	大家好，我是一名新主播，今天是我直播的第××天，感谢大家对我的支持，话不多说，先来一波抽奖表达我的谢意＋（抽奖具体玩法）
3	大家好，我们是厂家自播，没有中间商赚差价，我们会给你想象不到的折扣，大家想不想要折扣呀，想要折扣的评论“1”，主播看看有多少人想要
4	欢迎×××（ID名）来到直播间，这是一位新朋友，希望你能多多支持主播
5	话不多说，正式开播前先来一波抽奖，今天是母亲节，在评论区输入口令“妈妈我爱你”，我会随机截屏3次，每屏的第一位小伙伴将获得10元现金红包
6	大家晚上好，能听见我的声音吗？能听到的可以在评论区回复“1”，我看到×××已经来了，你好
7	感谢大家百忙之中来到我的直播间，大家今晚有没有特别想实现的愿望啊？大家可以在评论区留言哦，万一不小心主播帮你实现了呢
8	大家好，欢迎来到××直播间，主播深耕××行业××年了，有丰富的资源直播经验，所有的商品都是试用后才推荐给大家的，直播间的老粉们可以在评论区回复“1”支持下主播，让我们的新朋友放心

2. 引导关注话术

在直播过程中，随时都有用户进入直播间，因此，主播需要频繁、熟练、灵活地使用引导用户关注的话术，增加直播间粉丝数。常见的直播引导关注话术如表8-6所示。

表 8-6　直播引导关注话术示例

序号	直播引导关注话术
1	大家晚上好，喜欢我的朋友们请点一下关注，这样就可以随时随地来看我的直播啦！主播每天都在这里等你哦

续表

序号	直播引导关注话术
2	欢迎××来到我的直播间，喜欢主播点个关注哦
3	欢迎××来到直播间，想要更多福利请点个关注哦
4	刚进来的小伙伴（对观看直播的用户的称呼，用以拉近与用户的距离）可以关注主播，以便领取更多福利
5	关注人数达到×××，主播就开始抽奖（发红包、福袋）了！想要中大奖的小伙伴们赶快动动手指关注起来
6	感谢××的关注，还没关注主播的宝宝们抓紧关注哟，主播每天都会赠送惊喜福利呢
7	关注我，还可以领一张主播粉丝专享优惠券，这个优惠券是粉丝专享的，主播自己贴钱做的，没有关注就领不了哦
8	新进来的朋友记得点个关注，这里是美妆达人某某的直播间，即使你是化妆小白，关注我，不但能学化妆，还会教大家避坑，买到最合适自己的化妆品，每年至少省几千块。
9	所有宝贝们请检查一下点关注了没有，不然的话，回购或者有售后问题就找不到我的直播间了哦
10	明天直播间还会抽出一名幸运免单的小伙伴，一定要先关注主播哦，我们不定时会有惊喜福利

3. 留存用户话术

进入直播间的用户越多，直播间的人气就越高，而将用户留下来，使用户愿意持续观看直播，可以为后续的商品销售创造更有利的条件。为了留存用户，主播需要展示直播的吸引力和价值，常见的方法有发红包、抽奖、积极与评论区用户互动、及时解答用户问题等。同时，主播需要根据不同的互动方式准备相应的话术，以增强互动效果，确保观众愿意持续观看直播。

常见的直播留存用户话术如表8-7所示。其中第1—5条话术通过公布直播活动关键时间节点来留住用户，第6—7条话术通过预告下一款商品留住有相应需求的用户，第8—12条话术则是与用户评论区互动，通过回答用户问题来留住用户。

表8-7　直播留存用户话术示例

序号	直播留存用户话术
1	再过5分钟就要开始抽奖了！大家千万不要走开
2	各位小伙伴，20点我们有发红包活动，21点我们有10元秒杀活动哦
3	下一次抽奖将在××分钟后开始！会送出××大礼！大家千万不要走开
4	欢迎刚来的小伙伴，点击关注主播，关注人数达到200人就会有一大波红包福利，点赞数到1万，也会发红包

续表

序号	直播留存用户话术
5	恭喜××中奖了！太幸运了吧！赶紧点击客服按钮联系客服领取奖品！ 没有抽中奖品的宝宝也不要走开，我们后面还会有3轮抽奖，直播最后还会抽取免单大奖
6	下面这套衣服非常显瘦显白，而且价格也很便宜，想要的小伙伴千万别走开，主播马上介绍
7	家人们，稍等一会儿，重头戏马上登场。刚到的一款××新品/新颜色（少见的颜色）
8	宝宝们评论“666”，让我看到大家的热情，热情越高，商品购买价格越低
9	想看××号商品的评论“1”，想看××号商品的评论“2”
10	我们的晒单抽奖马上就要开始了，小伙伴们把你们的订单号准备好，评论区回复订单号就可以参加截屏抽奖
11	当用户提出“不回答他的问题”时：没有不理哦，弹幕太多刷新的速度太快，我看到一定会回的，请不要生气哦
12	当用户提出“是否有优惠活动”时：提问优惠券的×××，××有优惠券××元，××点有秒杀活动

4. 下播互动话术

临近下播时，主播可以向用户表示感谢，预告下一场直播时间的同时再次引导用户关注。常见的直播下播互动话术如表8-8所示。

表8-8　直播下播互动话术示例

序号	直播下播互动话术
1	感谢××位在线粉丝陪我下播，更感谢从开播一直陪我到下播的粉丝××、××……，陪伴是最长情的告白，你们的爱意我记在心里了
2	又到了下播的时间了，感谢大家从开播一直陪我到下播，主播会继续为大家带来更多的福利
3	今天的直播接近尾声了，明天晚上同样××点开播/明天会提早到××点开播，大家可以点一下关注哦
4	非常感谢所有还停留在我直播间的宝宝们，主播每天的直播时间是××点—××点，没点关注的记得点关注，对了，明天还有宝宝们期待已久的××新品
5	还有10分钟就下播了，非常感谢大家的陪伴，主播最后给大家抽个奖好不好？大家记得关注我，下次开播就会收到开播提醒
6	谢谢大家，希望大家在我的直播间都买到了称心的商品，点击关注按钮，明天我们继续哦
7	请大家点击一下右下角的转发链接，和好朋友分享我们的直播间，谢谢
8	我们的直播间给大家选择的都是性价比超高的商品，直播间里的所有商品都是经过我们团队严格筛选，经过主播亲自试用的，请大家放心购买。好了，今天的直播就到这里了，明天再见

拓展阅读

直播留人话术5个技巧和方法

续表

序号	直播下播互动话术
9	大家还有什么想要的商品，可以在交流群里留言，我们会非常认真地为大家选品，下次直播推荐给大家
10	好了，还有 × 分钟就要下播了，最后再和大家说一下，下次直播有你们特别想要的 ×××，优惠力度非常大，大家一定要记得关注主播哦

任务实施

步骤 1　根据主播 IP 和产品特点，结合直播现场互动设计方案，完成直播各环节互动话术设计（见表 8-9）。

表 8-9　直播各环节互动话术设计

直播流程	互动类型	详细话术
开场预热		
直播简介		
单品 1 讲解		
转场互动 1		
单品 2 讲解		
转场互动 2		
……		
复盘促单		
结束阶段		

步骤 2　选择任一主流直播平台，根据直播互动设计方案，由主播和副播配合完成直播现场互动各环节话术试播。

任务评价

以小组为单位进行评价，具体评价指标见表 8-10。

表 8-10　指标评价表

评价指标		评价内容	评价对象	评价手段
任务评价	职业技能（70%）	直播互动话术相关知识（10%）	个人	在线课程平台数据
		互动话术策划及创意能力（15%）	团队	课程教师/其他团队/企业专家
		互动节奏把控能力（15%）	团队	课程教师/其他团队/企业专家
		直播间话题制造能力（10%）	个人	课程教师/其他团队/企业专家
		线上沟通交流能力（10%）	个人	课程教师/其他团队/企业专家
		现场应变能力（10%）	团队	课程教师/其他团队/企业专家

续表

评价指标		评价内容	评价对象	评价手段
任务评价	职业素养（30%）	话术内容价值观及合规情况（10%）	团队/个人	课程教师/企业专家
		工匠精神（10%）	团队	课程教师
		团队协作情况（10%）	个人	课程教师/团队成员互评/自评

任务小结

（1）在直播平台上，主播需留意并遵守官方设定的“互动敏感词语机制”，避免使用不当词汇。在设计互动环节时，应准备全面的运营脚本，特别是在直播间数据下降时，要灵活运用互动话术，配合活动以提升观众参与度和观看人数。

（2）对于新手主播而言，能够根据预设的互动活动准备现场话术，并与粉丝进行有效互动，确保直播流程的顺畅，是基本要求。

（3）经验丰富的主播应能根据不同直播环节调整产品展示的节奏，实时优化产品排列，灵活切换话术以吸引观众、维持关注、引导购买，并控制直播的节奏。在直播中遇到高峰时段，要适时应对，同时在面对负面评论时，要与运营团队合作，机智处理，以维护直播间的秩序。

1+X证书直通车

《1+X直播电商职业技能等级标准（中级）》对现场互动话术的职业技能要求如下：

1.能根据直播主题和相关热点，制造话题或提问，活跃直播间气氛；

2.能根据直播现场情况预判可能发生的危机，运用危机应对方法，有效处理直播中断、商品链接失效、商品优惠错误、黑粉恶评等问题；

3.能留意进入直播间的新用户，及时推送欢迎语及直播简介，提醒用户加关注；

4.能根据直播过程中的用户反馈，选取恰当的时机引导用户点赞或分享转发。

课后训练

二维码在线答题

拓展任务

（1）选择3个粉丝数在100万以上的实战项目同类产品直播间，每个直播间至少观看两场直播，记录该直播间各流程互动话术，对照观察并优化调整直播现场互动话术。

（2）根据任务8-1拓展任务完成的家乡农特产品现场互动设计方案，完成家乡农特产品直播现场互动话术。

项目九　直播销售促单

项目描述

直播销售促单是直播关键环节之一，通过创设需求或强化客户购买心理，提醒客户在直播间下单，从而提升直播间成交概率。直播销售促单需要掌握的内容包括促单方式、促单流程和促单话术。

在完成了“大学生网络直播创业活动”直播脚本设计之后，小王需要组织直播团队根据前期直播策划确定的目标选择不同促单方式，然后结合整场直播流程安排及单品介绍基本流程，设计直播间各商品的销售促单方案，并制订对应销售促单话术，通过直播平台进行试播，最终测试出符合自身特点的销售促单流程和话术。

项目目标

知识目标

1. 掌握直播促单的不同方式；
2. 掌握直播促单的流程；
3. 掌握直播促单的话术设计要点。

能力目标

1. 能够采用不同的促单方式促使用户下单；
2. 能合理设计销售促单流程；
3. 能够根据销售促单方案提前设计促单话术，并识记；
4. 能根据直播脚本和销售促单方案进行合理促单。

素养目标

1. 培养学生写作能力等职业素养；
2. 培养学生遵纪守法、诚实守信的良好个人品质；
3. 培养学生对家乡的自豪感。

任务导图

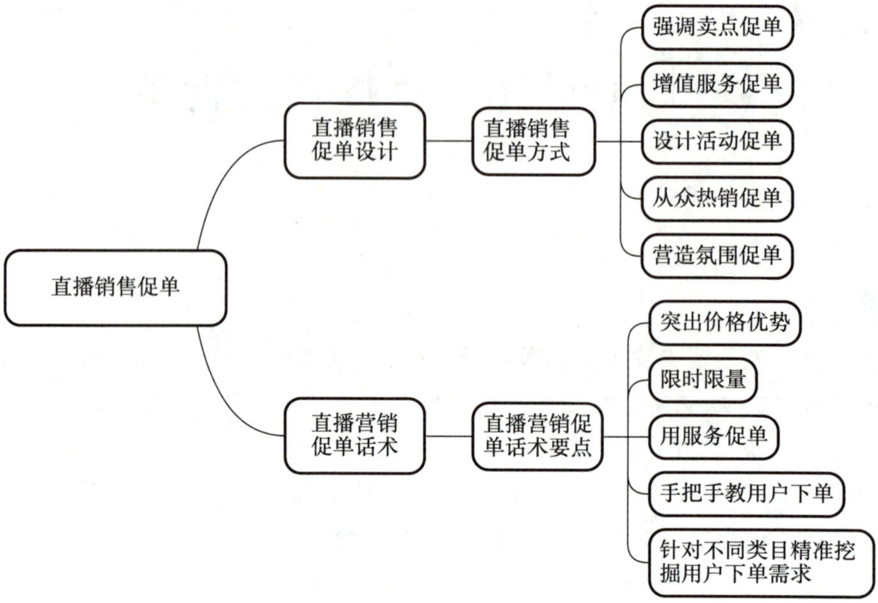

项目成果

1. 直播销售促单方案
2. 直播销售促单话术

实战训练任务9-1　直播销售促单设计

核心概念　直播销售促单方式

任务目标　根据直播目标选择促单方式，并完成直播促单流程设计，形成直播销售促单方案。

任务导入　请阅读材料并回答材料后的问题。

场景代入促单

一位知名主播在首次直播中，成功推销了小龙虾和一款39.9元的电动牙刷。他没有详细介绍电动牙刷的技术细节，而是通过一个生动的例子吸引观众：想象一位异地亲戚或朋友来访，第二天早上使用这把电动牙刷，定会给他们留下深刻印象。这个场景代入的描述激发了观众的共鸣，促使他们纷纷下单。

塑造向往场景

另一位主播在推销口红时，没有强调产品本身，而是描述了一些场景：30岁的女性涂上这款口红，看起来像18岁，在星巴克优雅地喝咖啡，或是出国旅游。这种描述触动了女性观众的心理，她们渴望那种优雅和向往的生活，从而激发了购买欲望。

引发共鸣

还有一位主播在推销洗鞋机时，没有强调产品功能，而是讲述了一个温馨的故事：下班后，将鞋子放入洗鞋机，节省下来的20分钟可以用来陪伴家人，增进夫妻、亲子关系，或是给远方的父母打个电话。这个故事让洗鞋机不仅仅是一个清洁工具，而是家庭情感交流的桥梁，激发了观众的购买热情。

思考：有哪些促单方式可以让更多用户在直播间下单？

知识链接　直播销售促单方式

直播销售促单指的是在直播过程中，直播团队（主要是主播）通过语言或行为，引导直播间用户现场下单的行为。其作用类似线下销售方式的促成成交环节，通过引导客户成交，提高直播间订单转化率。常见的销售促单方式有以下5种。

1. 强调卖点促单

在直播销售中，首先需要直接而精准地围绕产品的核心卖点进行解说，以吸引并保持用户的注意力。用户如果对产品介绍不感兴趣，很容易离开直播间，导致潜在的转化机会流失。其次，要通过多方面的证据来支持产品的优势，如品牌背书、材质、产地等，这些信息可以帮助用户建立对产品的信任。每个维度的证据都应与主要卖点相呼应，以加深用户对产品的印象，并激发购买欲望。最后，通过场景化、实用性和多功能性的讲解，进一步证明产品的价值。例如，展示产品在日常生活中的实际应用，或者解释产品的多功能性如何满足用户的不同需求。这样的辅助性卖点解说能够给用户带来惊喜，增强他们对产品的兴趣（见图9-1）。

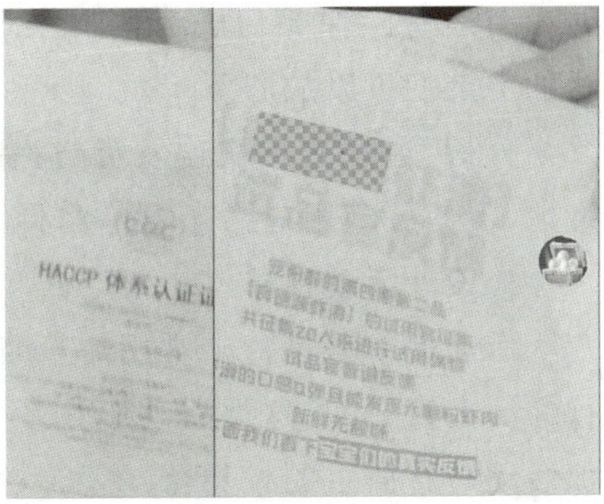

图9-1　产品背书

综合突出的卖点、有力的佐证以及辅助性卖点，能够有效地在用户心中建立信任，从而促进购买决策。

案例：产品——美白精华

主播：这款美白精华含有15%的烟酰胺成分，所以能很好帮助用户提亮肤色，改善暗黄，祛斑来达到美白的效果哦，您看中了可以下单的哦！

分析：以上案例是通过对产品的成分描述使用户找到自身需求点，从而影响其下单。

2. 增值服务促单

通常，优质的产品能够激发用户的购买欲望。然而，为了进一步消除用户的疑虑，提供增值服务是关键，这能让用户更加安心地进行购买。对于那些犹豫不决的潜在客户，提供保障措施如退货保证可以促使他们迅速做出购买决策。

增值服务通常包括售后保障、提供赠品、快速发货。

售后保障：如7天无理由退换货、运费保险等，这些服务保障让用户在购买时感到更加放心。

提供赠品：无论是实物还是虚拟产品，赠送额外商品可以增强用户对产品价值的感知（见图9-2）。

快速发货：买家通常希望尽快收到商品，因此，在促销时强调快速发货可以吸引买家下单，并减少他们改变主意的可能性。

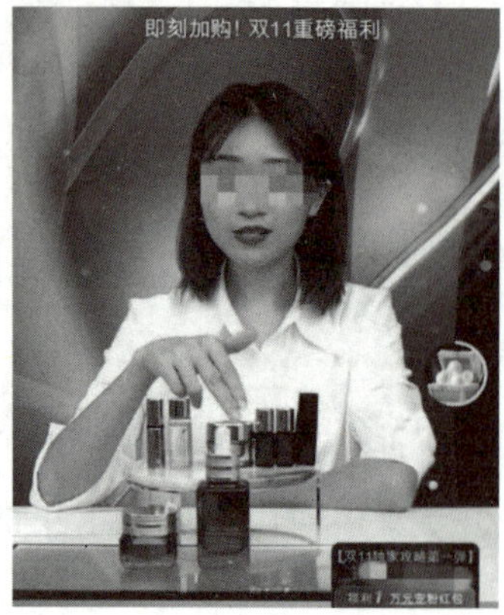

图9-2　直播赠品派送

案例：售后保障和快速发货

主播：今天在直播间下单商品的宝宝们，全部安排24小时内顺丰包邮发货，保证您能快速收到这款商品。商品有运费险保障，且支持7天无理由退换货，所以喜欢的宝宝们可以放心下单。

分析：通过提供快速发货、运费险保障、7天无理由退换货等增值服务打消用户疑虑，促使更多用户愿意下单购买。

3. 设计活动促单

活动促单是销售中常用的策略，它通过营造特定的购物氛围来激发客户的购买行为。在直播间，这类活动形式多样，可以根据直播内容和目标受众来精心策划，确保活动与直播主题相契合。

（1）有买有送。

这是一种常见的促销手段，通过提供额外赠品或优惠，满足用户的心理预期，从而促进下单（见图9-3）。

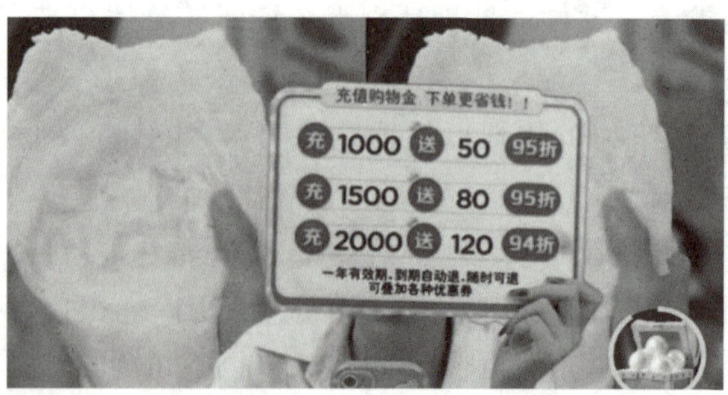

图9-3　直播买送示例

(2) 限时限量。

主播可以设置限时特卖或限量抢购活动,通过创造紧迫感和稀缺性,提高用户对产品价值的认知,刺激购买欲望。

(3) 抽奖与福利赠送。

直播间的抽奖和福利赠送不仅能提升直播间的人气,还能有效促进交易。无论是对大主播还是对小主播而言,这都是一种有效的带货技巧(见图 9-4)。

图 9-4　直播抽奖

(4) 价格锚点。

主播可以利用价格锚点策略,通过对比展示直播间价格与市场其他渠道的价格,让用户感受到优惠,从而激发购买动机。在直播过程中,所有比价动作应在直播间内完成,以保持用户的注意力,避免他们离开直播间(见图 9-5)。

图 9-5　直播进货成本比价

案例:直播间比价

主播:在直播间,主播可以通过展示产品在专柜的原价来设置价格锚点,然后提供直播间的优惠价格,以此吸引观众购买。例如:

“亲们，你们知道吗？这款气垫在线下专柜的售价是899元(镜头展示专柜价格标签)。这款气垫，我相信大家在商场里都见过，它是品牌的热销爆款，经常断货。今天在我的直播间，我们只有3 000个优惠名额，错过就没有了。现在，你只需要399元，就能带走一个正装，而且我还会额外赠送你一个替换装。在专柜，899元只能买到一个正装，没有替换装哦。这个价格，真的是手慢无，快来抢购吧！”

分析：通过这种方式，主播不仅强调了产品的原价和直播间的优惠价，还突出了产品的稀缺性和限时优惠，从而激发观众的购买冲动。

4. 从众热销促单

从众热销促单在直播营销中也较多运用，主要通过营造某款商品供不应求的情景来刺激用户下单购买。如很多电商平台会滚动显示下单用户购买情况，便是利用了从众热销促单的方法，来影响犹豫期用户下单。

顺应大众的选择往往被视为一种稳妥的策略。以下是一个利用从众心理推动销售的案例分析。

案例：主播如何利用从众心理促成用户下单

该主播提道：“这款产品在我们之前的直播中已经售出了10万套。”

他还强调：“在产品开售前，已经有10万人将其添加到了购物车。”

主播进一步说明：“这款产品自推出以来，已经售出10万套，并且获得了零差评的佳绩。”

最后，他补充道：“这款产品在我国药妆市场上的销量排名第一。”

分析：主播通过对产品销售成绩的不断强调，成功塑造了产品广受欢迎的形象。这种策略利用了消费者的从众心理，即人们倾向于认为大众的选择是正确的，从而在心理上影响潜在买家，促使他们跟随大众的选择进行购买。这种心理策略在直播销售中非常有效，因为它能够迅速建立起消费者对产品的信任，并激发购买欲望。

5. 营造氛围促单

主播可以利用多种策略在直播间营造紧迫感，以促进销售，例如强调库存紧张、预告即将涨价或设置倒计时。库存紧张可以是由于卖家限量或买家需求旺盛造成的。对于中小卖家而言，后者——通过展示高需求来制造库存紧张感——是一种更有效的促销手段。这是因为消费者往往受到从众心理的影响，当看到其他人都在购买时，他们更有可能加入购买行列。因此，通过在直播间营造出高需求的氛围，中小卖家可以更有效地激发观众的购买行为。

拓展阅读

直播带货憋单及实操讲解

案例：库存告急

主播：亲，我们这款宝贝是热销商品哟，非常受大家欢迎，很容易断货。如果您喜欢的话，那就要加快手速了！我们的产品即将售罄，还剩100件！100件！还在犹豫的宝宝们要抓紧时间，售罄不补货哦。

分析：主播给出明确的库存数量，而且不断地强调和重复，催促犹豫的用户做决定，以此刺激用户下单。

任务实施

步骤1　观看实战项目同类产品成交转化率高的直播间，收集实战项目中可用于直播的促单方式，并制成表格（见表9-1）。

表9-1　促单方式汇总表

序号	产品	常用促单方式
1		
2		
3		
4		
5		

步骤2　根据直播策划方案和产品特点合理安排促单方式，结合直播单品脚本流程，完成直播销售促单方案（见表9-2）。

表9-2　直播销售促单方案表

序号	产品	促单方式	促单时间安排	利益点
1				
2				
3				
4				
5				

任务评价

以小组为单位进行评价，具体评价指标见表9-3。

表9-3　指标评价表

<table>
<tr><th colspan="2">评价指标</th><th>评价内容</th><th>评价对象</th><th>评价手段</th></tr>
<tr><td rowspan="7">任务评价</td><td rowspan="4">职业技能（70%）</td><td>促单方式相关知识（10%）</td><td>个人</td><td>在线课程平台数据</td></tr>
<tr><td>促单方式分析选择能力（20%）</td><td>团队</td><td>课程教师/其他团队/企业专家</td></tr>
<tr><td>促单流程设计能力（20%）</td><td>团队</td><td>课程教师/其他团队/企业专家</td></tr>
<tr><td>促单方案撰写能力（20%）</td><td>团队</td><td>课程教师/其他团队/企业专家</td></tr>
<tr><td rowspan="3">职业素养（30%）</td><td>遵纪守法、诚实守信的良好品质（10%）</td><td>团队</td><td>课程教师/企业专家</td></tr>
<tr><td>精益求精、严谨认真（10%）</td><td>团队</td><td>课程教师</td></tr>
<tr><td>团队协作情况（10%）</td><td>个人</td><td>课程教师/团队成员互评/自评</td></tr>
</table>

任务小结

在不同直播平台进行促单时，了解各平台的用户群体特征至关重要。

（1）淘宝直播：拥有庞大的流量和精准的用户群体，转化率较高。因此，促单策略应侧重于提供高质量的产品介绍和专业的购物指导。

（2）抖音直播：用户群体年轻化，以女性为主，多居住在一、二线城市，消费能力较强。促单策略应考虑时尚潮流、个性化产品以及高端品牌的推广。

（3）快手直播：用户主要集中在三线及以下城市，偏好价格亲民的产品。促单策略应注重性价比，以及接地气的产品展示和互动。

了解用户群体后，主播应根据他们的痛点和需求设计促单方案，以提高转化率。同时，熟悉并利用平台的营销功能，如红包、优惠券、福袋等，可以增加直播的吸引力和互动性。不同平台的营销工具各有特点，主播需要根据这些特点设计适合各自平台的促单活动。例如，在抖音上可能更多使用短视频和挑战活动来吸引用户，在淘宝上则可能侧重于详细的产品介绍和专业的购物指导，在快手上则可能更注重社区互动和亲民的价格策略。通过这样的策略，主播可以更有效地吸引和留住用户，提高直播销售的成功率。

1+X证书直通车

《1+X直播电商职业技能等级标准（中级）》对销售促单设计的职业技能要求如下：

能利用价格锚点和促销优惠的对比，塑造产品的高性价比，促成转化。

课后训练

直播销售促单设计

拓展任务

（1）选择3个成交转化率在20%以上的实战项目同类产品直播间，每个直播间至少观看两场直播，记录该直播间各产品运用的促单方式，对照观察并完善直播销售促单方案。

（2）根据前期拓展任务成果——家乡农特产品直播单品脚本流程规划，完成家乡农特产品直播销售促单方案。

实战训练任务9-2　直播营销促单话术

核心概念　直播营销促单话术

任务目标　能够设计至少10套促单话术并识记，在直播过程中能根据直播脚本和促单方案完成促单。

任务导入　以下资料是某主播的促单话术，请阅读后回答后面的问题。

欢迎新朋友们来到我的直播间！今天是我抖音首秀，特别准备了超值福利，感谢大家的支持。

大家都知道，现在线下实体店不容易，所以我们决定把优惠带到线上。看这款T恤，市场价69元，今天我要给你们一个惊喜价。只要评论区有五位朋友回复"1"，我们就开始减价。每多一个人回复，价格就降低10元，五个人回复，直接减50元，价格由你们决定！

已经有朋友开始回复了，太棒了！还有三位，快来参与吧！这是我们店铺的首播，价格绝对让你惊喜。错过今天，就再也没有这个机会了。想要的朋友们，快来回复"1"，我给你们30秒时间，现在价格已经降到40元了。

还有没有朋友想要？快来回复"1"，我们再减10元，只要19.9元！运营小哥，记下回复"1"的朋友，我要感谢他们。新朋友们，抓紧时间，只要19.9元，就能带走这款高品质的T恤。我们店铺有十年历史，是源头工厂，各大平台都是我们的客户。

新朋友们，想要的话就回复"1"，关注我，点亮粉丝灯牌，我会优先给你们安排。19.9元，这个价格，你绝对找不到更好的。新朋友们，如果你们刚来，不知道我们在做什么，就回复"新"，我会再解释一遍。只要19.9元，这款T恤就是你的了。

新朋友们，快来回复"1"，我给你们加急处理。19.9元，这个价格，你绝对找不到更好的。新朋友们，抓紧时间，只要回复"1"，我就给你们上架。运营小哥，统计好报名的人数了吗？已经有30位朋友报名了，我今天真是太激动了。为了感谢大家，我决定再减10元，只要9.9元！

今天直播不为赚钱，只为交朋友。请大家关注我，抢到的朋友给我加个灯牌支持一下。这款T恤，不仅好看百搭，而且只要9.9元。大家快来回复"1"报名，我会给大家安排运费。运营小哥，准备好了吗？我要开始倒计时了，5、4、3、2、1，上链接！

思考：以上促单话术用到了哪些促单方式？在话术运用上，哪些促单话术对直播间用户更有吸引力？

知识链接　直播营销促单话术要点

当我们介绍完产品，接下来要如何让用户买单呢？这时候，促单话术就非常必要了。想要更好地促单，提高直播间订单转化，需要利用以下五点来触及直播间用户的痛点，强化用户的消费意愿，让他们买单。

1. 突出价格优势

用户进入直播间首先关注的往往是产品的价格，因此在直播间的话术设计上，尤其要去突出价格优势。

那么，该如何体现直播间产品的价格优势呢？可以从以下2点挖掘。

(1)设定价格锚点，跟其他平台比价。

直播带货的核心优势在于提供极具竞争力的价格。要让用户感受到直播间商品价格最优惠，关键在于比较。例如，销售咖啡时，可以将其与便利店的同款产品价格进行对比；销售高端化妆品时，可以与实体专柜的价格相比较。选择这些通常价格较高的销售渠道作为参照，可以更直观地突出直播间的价格优势，从而吸引用户购买。通过这种对比展示，用户能清晰地看到直播购物的实惠，增强购买意愿。

参考话术：宝宝们，我们这款产品在某猫某东的价格是×××元，今天你们来我直播间，不要这个价，也不要×××元。来，准备好了没，5、4、3、2、1，只要×××元，上链接！

(2)拆解产品成本，直接亮出底价。

在直播带货时，为了增强价格优势的说服力，主播可以采取以下策略。透明化成本。在直播中向观众详细解释产品的成本构成，包括包装费、运费等，这样观众可以清楚地了解产品的价格构成。直接展示底价。主播可以直接向观众展示产品的底价，让观众明白直播间提供的价格是经过成本核算后的最低价。

参考话术：我们这款产品包装×元，人工×元，运费×元，我还送××，比其他直播间更加优惠。

2. 限时限量

限时限量策略旨在创造紧迫感，让顾客意识到只有在直播间才能享受到这一优惠价格，一旦错过，就无法再获得。在促单时，主播应通过话术设计强调这一信息，以促使观众迅速做出购买决策。

(1)强调库存紧张。

参考话术：宝贝们，这个价格能给的库存只有10件了，现在就是拼手速的时候，过了今天真的不一定能给到这个价格。

(2)限时限量供应。

参考话术：在今晚的直播间，我们为各位带来了×××螺蛳粉的超值优惠！原价××元的螺蛳粉，现在只需8.9元一包，而且我们只限100单！是的，你没听错，只有100单！时间不等人，倒计时已经开始，只有2分钟！2分钟内，手快有，手慢无。现在，让我们一起倒数，5、4、3、2、1，开始！抓紧时间，机会难得，错过今晚，你可能就要等很久了！快来抢购吧，只有2分钟，让我们看看谁的手速最快(见图9-6)！

图 9-6　×××螺蛳粉直播限时活动

3. 用服务促单

服务促单包括多种类型，比如发货促单或者售后服务促单等。

(1)发货促单。

一般直播间订单的发货顺序都是按照下单顺序来排定，所以利用提前发货刺激用户下单也是一种有效的促单方式。

参考话术：我们都是根据姐妹们下单时间来排单的，有时虽然晚了2分钟，中间可能就隔着几百单，所以只要您喜欢，只要您心动，不要犹豫，秒拍秒付，先把名额占下来，先拍先得。要是不喜欢，我们还可以退货。但是一旦犹豫，就会比其他人晚好久才能收到货咯！

(2)售后服务促单。

除提前发货外，如7天无理由退换货或赠送运费险，都是能够刺激用户的吸引点。因此在促单时强调服务保障，对提高成交率也有一定的促进作用。

参考话术：宝贝们，我看到你们已经下单了，但似乎还在犹豫是否付款。请相信，我们的品质绝对值得信赖！这款产品是我们专为宠粉准备的，如果不是想在直播间增加人气，我们绝不会给出这样的优惠价。为了让大家放心，我承诺今天下单的朋友们，你们将享有7天无理由退货服务，并且我们提供运费险。如果收到商品不满意，来回运费由我们承担。现在就关注我，稍后还有半价抽奖活动等着大家。这样的诚意和力度，你们感受到了吗？快来加入我们，一起享受这场购物盛宴吧！

4. 手把手教用户下单

在直播带货过程中，引导下单的话术是推动观众完成购买的关键一步。在介绍完产品和价格后，主播可以采取以下策略。

简化下单流程：清晰地指导观众如何快速下单，例如"现在，只需点击屏幕下方的商品链接，选择你的优惠券，然后点击‘立即购买’，填写数量，最后确认订单，轻松几步，优惠就到手了”。

优惠获取指南：对于直播间的特别优惠，主播应提供明确的获取路径，如“关注我们，立即享受专属折扣。加入粉丝团，还有更多惊喜。记得领取你的优惠券，让购物更划算”。

实时操作演示：小助理可以实时操作手机或平板，展示从点击商品链接到最终确认购买的每一步，让观众跟随操作。

视觉辅助提示：在屏幕上展示操作步骤提示或使用设备屏幕共享，让观众更直观地了解下单流程。

通过这样的引导，主播不仅帮助观众理解下单流程，还展示了如何利用直播间的优惠，从而有效提升购买转化率。

参考话术：亲爱的宝宝们，先别急着下单哦！记得先领取优惠券，这样你们可以立减8元呢，超划算的！现在，让我们的小助理来给大家展示一下领取优惠券的步骤。首先，点击屏幕下方的优惠券按钮，领取后返回商品页面，再点击立即购买。在结算页面，你会看到优惠券已经自动为你减去了8元。是不是很心动？那就赶紧去领取优惠券，然后下单吧！别犹豫了，优惠不等人，快来享受这个超值优惠吧（见图9-7）！

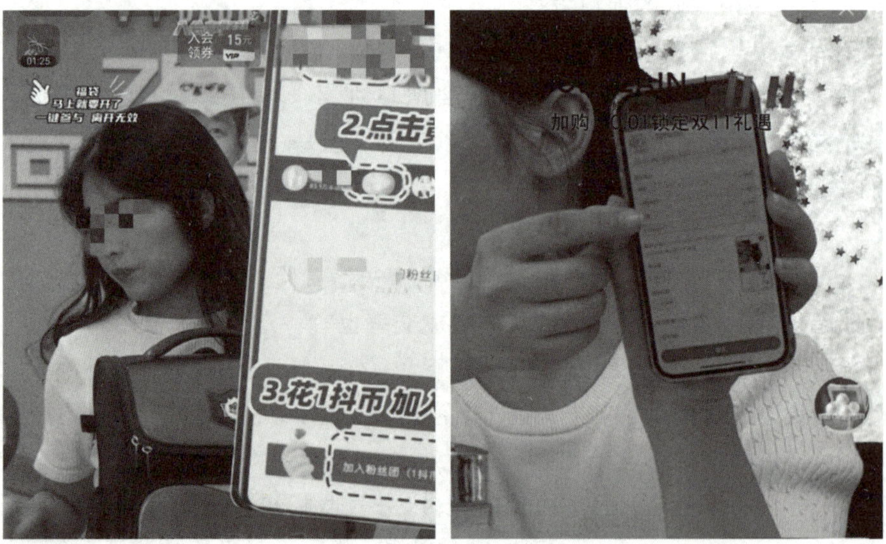

图9-7　直播间操作示范

5. 针对不同类目精准挖掘用户下单需求

针对不同类目，用户有不同的核心需求点，针对这些核心需求点，对直播促单话术再做相应的调整和细化（见图9-8）。

<table>
<tr><th>品类</th><th>用户核心需求</th><th>用户下单顾虑</th><th>介入决策</th><th>促成决定</th></tr>
<tr><td>服饰</td><td>好看、好搭</td><td>面料、做工、运费险</td><td rowspan="5">突出优势、
独特性、
实用性、
放大正面评论
……</td><td rowspan="5">宣传优惠、
利益点、
他人评价、
品牌背书、
销量背书、
明星效应、
……</td></tr>
<tr><td>美妆</td><td>试用、肤质</td><td>正品、使用效果</td></tr>
<tr><td>珠宝</td><td>高档、外观</td><td>真品、无瑕疵</td></tr>
<tr><td>食品</td><td>好吃、健康</td><td>口味、健康、性价比</td></tr>
<tr><td>母婴</td><td>品质、安全</td><td>品牌、口碑、销量</td></tr>
</table>

图 9-8　用户需求挖掘

任务实施

步骤 1　观看实战项目同类产品成交转化率高的直播间，收集并整理出 5 套促单话术，填入表格（见表 9-4）。

表 9-4　促单话术汇总表

序号	产品	促单方式	利益点	详细话术
1				
2				
3				
4				
5				

步骤 2　选择任一主流直播平台，根据直播销售促单方案，由主播和副播配合完成各产品直播销售促单话术试播。

任务评价

以小组为单位进行评价，具体评价指标见表 9-5。

表 9-5　指标评价表

<table>
<tr><th colspan="2">评价指标</th><th>评价内容</th><th>评价对象</th><th>评价手段</th></tr>
<tr><td rowspan="8">任务评价</td><td rowspan="5">职业技能（70%）</td><td>促单话术相关知识（10%）</td><td>个人</td><td>在线课程平台数据</td></tr>
<tr><td>促单话术撰写能力（15%）</td><td>团队</td><td>课程教师/其他团队/企业专家</td></tr>
<tr><td>促单方案实施能力（20%）</td><td>团队</td><td>课程教师/其他团队/企业专家</td></tr>
<tr><td>语言表达感染力（15%）</td><td>个人</td><td>课程教师/其他团队/企业专家</td></tr>
<tr><td>现场应变能力（10%）</td><td>团队</td><td>课程教师/其他团队/企业专家</td></tr>
<tr><td rowspan="3">职业素养（30%）</td><td>话术内容价值观及合规情况（10%）</td><td>团队/个人</td><td>课程教师/企业专家</td></tr>
<tr><td>遵纪守法、诚实守信的良好品质（10%）</td><td>团队</td><td>课程教师</td></tr>
<tr><td>团队协作情况（10%）</td><td>个人</td><td>课程教师/团队成员互评/自评</td></tr>
</table>

任务小结

在直播过程中，遇到违规提示或被强制下线的情况确实令人困惑。面对这种情况，首先要保持冷静，分析可能的违规原因。通常，直播促单的话术违规主要体现在以下几个方面。

逼单话术：一些主播在促单时可能会使用过于激进的话术，如承诺“立即下单就优先发货并赠送运费险”，这种话术可能被视为违规，尤其是在有人举报的情况下。

诱导性促单：例如，主播可能会承诺“十秒内下单的，我送运费险”，这种话术设置了时间限制，诱导用户在特定时间内下单，这可能被视为违规。

为了避免违规，主播可以调整话术，例如：

避免设置时间限制，而是说：“这一单我们会在十秒内关闭，成功拍到的宝宝们将获得运费险。”这样的说法没有明确的时间条件，不构成诱导。

使用非诱导性的语言，如：“我们为前几位下单的宝宝准备了运费险作为礼物。”这样的表述没有强制用户在特定时间内行动，而是提供了一个激励。

通过调整话术，主播可以在遵守平台规则的同时，有效地促进销售，避免违规风险。在直播中，始终要注意遵守平台的相关规定，确保直播内容的合规性。

1+X证书直通车

《1+X直播电商职业技能等级标准(中级)》对销售促单话术的职业技能要求如下：

能根据直播的流程和脚本，结合直播间氛围，提醒用户领取优惠券，促进加购并支付。

课后训练

直播营销促单话术

拓展任务

(1) 选择3个成交转化率在20%以上的实战项目同类产品直播间，每个直播间至少观看两场直播，记录该直播间各产品使用的促单话术，对照观察并优化调整直播销售促单话术。

(2) 根据任务9-1拓展任务完成的家乡农特产品直播销售促单方案，完成家乡农特产品直播销售促单话术设计。

工作模块四 直播运营

直播运营是整个直播团队背后的堡垒，负责直播内容的维护、运营、监督等工作。直播运营的主要任务是通过规范的运营流程，为直播平台提供可持续的、有价值的、有质量的直播内容，并通过评估直播效果提供改进方案，不断提升直播间的竞争力。直播运营主要包括直播引流活动和直播营销复盘两项工作。

项目十　直播引流活动

项目描述

为了显著提高直播营销的成交率和转化率，直播运营团队必须精心策划流量管理策略。在直播前，团队应挑选最佳时机，利用多元化的宣传渠道进行预热，同时创作引人入胜的宣传素材，以吸引潜在观众的关注和参与。直播期间，团队应依据直播间的实时动态和数据分析，灵活调整引流策略，采取有效的促单措施。直播结束后，团队需对粉丝进行细致管理，实现从公域向私域流量的转变，以培养忠实粉丝群体。

在完成了“大学生网络直播创业活动”专场直播内容策划之后，小王需要组织直播团队根据直播内容策划和现场互动设计的结果，结合直播商品选品、直播时间安排，完成直播前预热引流、直播中二次引流和直播后传播引流等方案的设计工作。在得出初步的引流活动方案后，直播团队通过循环直播进行引流活动方案测试，依托播放量、在线观看人数、实时在线峰值人数、互动数、转化率等指标，最终测试出符合自身特点的直播引流方案。

项目目标

知识目标

1. 了解直播不同阶段的引流方法；
2. 掌握直播不同阶段引流内容设计技巧；
3. 掌握直播不同阶段引流活动发布与实施技巧。

能力目标

1. 能够设计和制作直播引流宣传物料；
2. 能够制订直播预热引流活动实施方案；
3. 能够根据直播中数据变化使用不同引流方法；
4. 能够在直播后进行公私域流量转化。

素养目标

1. 培养学生遵纪守法、诚实守信的职业素养；
2. 树立学生的成本意识；
3. 培养学生的客户服务意识。

任务导图

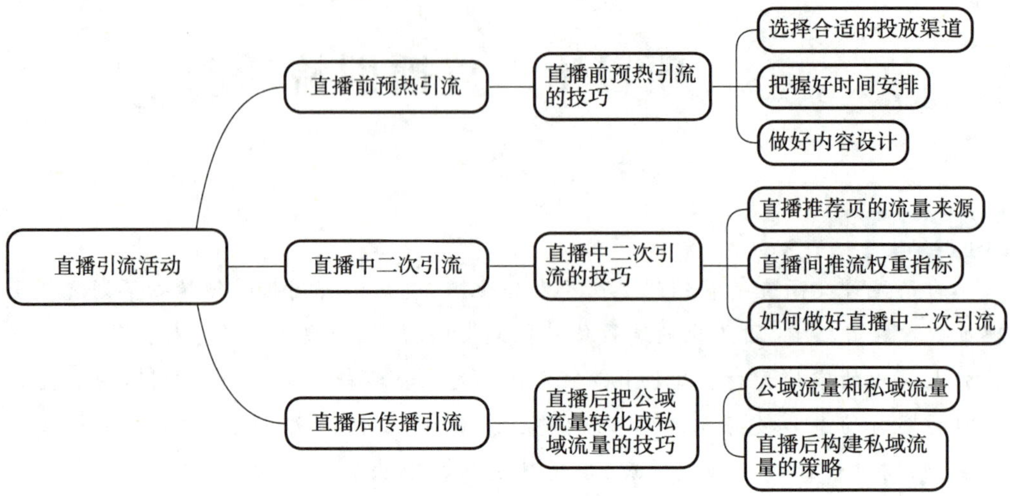

项目成果

1. 直播前预热引流方案
2. 直播中二次引流方案
3. 直播后传播引流方案

实战训练任务10-1 直播前预热引流

核心概念 直播前预热引流活动

任务目标 根据直播目标和主题，结合直播选品、促销活动和互动福利内容，完成直播预热引流方案。

任务导入 请阅读材料并回答材料后的问题。

在策划直播前预热活动时，关键在于巧妙地展示直播内容的亮点，同时制造悬念，迅速激发用户的好奇心和观看欲望。2019年天猫“双11”的预热活动便是一个成功的案例。

不同于以往的直接折扣促销，天猫提前一个月启动了预售模式，并通过一系列幽默的广告，如“自鸽星人”“柠檬星人”和“焦绿星人”等，描绘了消费者在购物时的常见心理状态，为“双11”活动营造了期待感。这些广告不仅揭示了消费者的购物心理，还巧妙地提醒用户为即将到来的购物狂欢做好准备。

此外，天猫还发布了《大促冲刺班——美妆精选词典》，精选了9个热销产品，并通过接地气的文案进一步点燃了用户对活动的兴趣。这种提前预告热门产品的做法，不仅让用户对活动充满期待，也借助用户对产品的渴望，增加了活动的吸引力。

在直播带货中，主播可以借鉴天猫的策略，通过预告部分产品来吸引观众。在预告时，应聚焦产品的亮点，只展示直播内容的一小部分，留下悬念，让用户对直播充满期待。这种策略不仅能够吸引用户关注，还能在直播过程中为用户带来惊喜，从而提高直播的观看率和参与度。

思考：直播前预热引流活动应考虑哪些方面的因素？

知识链接　直播前预热引流的技巧

1. 选择合适的投放渠道

在直播营销中，直播间内容的吸引力固然重要，但开播前的预热引流同样关键。如果直播开始后观众稀少，互动不足，商品转化率低，这通常意味着预热引流工作没有做好。而为预热引流活动选择适合的发布渠道，又是决定预热效果是否能达到预期的重要因素。一般来说，可以从以下五种渠道发布预热引流活动。

（1）主页信息预热。

在直播前，主播应在抖音、快手等短视频平台的个人主页，以及淘宝店铺首页、商品详情页、微淘等私域空间进行预热宣传，确保粉丝能够及时掌握直播信息并准时参与。例如，可以在抖音账号名后添加括号，注明“今晚8点完美日记专场”，为粉丝提供明确的直播预告。如果直播时间是固定的，可以在账号简介中明确标注直播时间表，如“每周三、五、日晚上8点，直播间不见不散！”这样的信息设置有助于培养粉丝的观看习惯，提高直播的参与度和观看率。

知识活页

抖音平台“DOU+”

（2）发布短视频预热。

主播一般需在开播前几天在主页发布预热短视频，预告开播时间和直播内容。也可以选择自己的自媒体矩阵或是其他平台作为引流渠道，发布预热短视频，将其他平台的用户引流到直播间。

（3）“DOU＋”引流。

如果是选择在抖音平台投放预热引流活动的话，可以通过抖音官方的引流渠道“DOU＋”进行直播间预热，具体操作时可以选择将之前曝光度较高的作品投放在“DOU＋”，增加预热曝光和关注。

（4）微博引流。

很多电商头部主播选择在微博平台进行直播宣传预热，告诉粉丝具体的直播时间。在发布直播预热文案时，主播也可以将直播间的亮点和特色呈现出来，吸引更多用户和粉丝进入直播间。例如，某主播曾在微博上发布直播预热文案，通过3位“红人”吸引他们的粉丝进入直播间，并预告了具体开播时间。

(5)微信公众号引流。

主播可以在自己的公众号上用长文案的形式进行直播预热，同时插入直播预热海报，预告开播时间、直播主题和直播间专属优惠等。

(6)社群预热。

在开播前，主播还可以在自己的社群里做直播预热，通过投放预热短视频和文案引发粉丝的关注，并及时与粉丝互动，达到预热的效果。

2. 把握好时间安排

为了在直播中吸引更多观众并提升人气，选择合适的时间进行预热和直播至关重要。以下是直播预热引流的关键时间点。

开播前5天：在这个阶段，可以通过发布预热短视频来吸引关注，介绍即将推出的新品和优惠福利，激发用户的好奇心。

开播前1—3天：利用微信公众号、微博等社交平台发布详细的直播预热信息，包括产品亮点、直播时间、主题和优惠活动，以增强粉丝的期待感，并提醒他们按时观看直播。

开播前2—3小时：在直播即将开始的最后阶段，再次通过预热文案提醒用户直播的具体时间和内容。此时，可以透露一些直播间的独家福利，如提前进入直播间的粉丝将有机会获得特别礼物，以此激励粉丝积极参与。

通过这三个阶段的预热活动，可以有效地吸引用户关注并参与直播，从而提高直播间的人气和互动。

3. 做好内容设计

直播预热引流的内容通常包括三种主要形式。

(1)文字预热。

在店铺首页或直播主页的个性签名、昵称等位置注明直播时间和主题，以吸引粉丝关注。

对于大型直播活动，设计专门的预热海报，图文并茂地展示直播信息，如时间、主题、特邀嘉宾，并在显眼位置添加吸引人的预热文案，如品牌广告语、直播间福利、粉丝福利及参与方式，鼓励用户分享以扩大影响力。

(2)短视频预热。

结合短视频内容和直播预告，前半段展示与平时风格相符的内容，后半段进行直播预热，预告主题和时间。

制作直播介绍视频，主播亲自出镜预告开播时间，并设置悬念以吸引潜在观众。

突出利益点，如抽奖、折扣券、赠品等，吸引未关注主播的用户，并促使他们按时观看直播。

利用直播花絮作为预热素材，分享上一场直播的有趣片段，为即将到来的直播造势。

(3)下播预热。

在直播结束前,提前告知粉丝下一次直播的时间、主题和优惠信息。

在设计预热引流内容时,应合理布局品牌或产品关键词,提升在平台搜索中的自然排名,并进行高频词种草,以加深粉丝对品牌和产品的印象。

拓展阅读

伊利618品牌IP创意直播间

任务实施

步骤1　根据直播目标和主题,结合直播选品、促销活动和互动福利内容,为实战项目收集直播预热引流宣传素材(见表10-1)。

表10-1　直播预热引流宣传素材表

序号	品牌名称	商品名称	商品卖点	直播利益点

步骤2　根据直播预热引流宣传素材,设计并制作直播预热引流图文宣传物料(见表10-2)。

表10-2　直播预热引流图文宣传物料准备表

设计要素	设计内容	备注
尺寸		
背景		
装饰元素		
布局		
人物		
产品		
文本/文案		

步骤3　根据直播预热引流宣传素材,设计并制作直播预热引流短视频宣传物料(见表10-3)。

表10-3　直播预热引流短视频宣传物料准备表

镜头景别	画面	台词	时长	运镜	道具	特效	音乐(音效)/BGM	文字/文案	备注

续表

镜头景别	画面	台词	时长	运镜	道具	特效	音乐（音效）/BGM	文字/文案	备注

步骤 4 根据不同直播预热引流宣传物料的特点，为直播实战项目设计预热引流撰写宣传文案（见表 10-4）。

表 10-4 宣传文案表

预热形式	宣传文案	备注
图文		
短视频		
下播前预热		

步骤 5 根据直播目标和时间，制订实战项目直播预热引流活动实施方案（见表 10-5）。

表 10-5 直播预热引流活动实施方案表

日期	发布平台	宣传物料	发布时间	备注

任务评价

以小组为单位进行评价，具体评价指标见表 10-6。

表 10-6 指标评价表

评价指标		评价内容	评价对象	评价手段
任务评价	职业技能（70%）	直播预热引流相关知识（10%）	个人	在线课程平台数据
		预热海报设计能力（20%）	团队	课程教师/其他团队/企业专家
		预热短视频制作能力（20%）	团队	课程教师/其他团队/企业专家
		预热文案设计能力（10%）	团队	课程教师/其他团队/企业专家
		预热引流活动实施安排能力（10%）	团队	课程教师/其他团队/企业专家

续表

评价指标		评价内容	评价对象	评价手段
任务评价	职业素养（30%）	成本意识（10%）	团队	课程教师
		遵纪守法、诚实守信（10%）	团队	课程教师
		团队协作情况（10%）	个人	课程教师/团队成员互评/自评

任务小结

直播前的预热引流活动旨在让更多潜在观众了解即将进行的直播内容，并激发他们的兴趣参与其中。以下是设计预热引流活动的几个关键点。

制造悬念：在预热过程中，适当保留一些信息，如部分直播亮点或福利，以维持观众的好奇心和期待感。避免一次性透漏所有内容，让用户保持对直播的持续关注。

突出亮点：有目的地展示直播的吸引人之处，如产品特性、优惠价格、特别赠品等。团队应从用户的角度出发，思考哪些内容最能吸引他们，并据此设计预热活动。

展示价值：在预热阶段，针对用户的潜在需求和问题，提出有效的解决方案，并展示直播能带来的具体价值。这将有助于吸引用户观看直播并参与互动。

通过这些策略，可以有效地吸引并增加直播的观众数量，提高直播的参与度和转化率。

1+X证书直通车

《1+X直播电商职业技能等级标准（中级）》对直播前预热引流的职业技能要求如下：

1. 能掌握长图、海报、软文、短视频等内容形式的特点和设计要点，提升宣传物料的专业性；

2. 能熟知相关法律法规，排查物料中的违法违规信息，保证宣传物料的合规性；

3. 能根据直播内容提炼精华，制作预热软文、海报、短视频等，投放到微信、微博、短视频平台、直播平台等渠道。

课后训练

直播前预热引流

拓展任务

（1）根据直播预热引流方案，完成实战项目直播预热引流活动实施，并对效果进行初步评估。

(2) 直播团队通过循环直播进行预热引流活动测试，依托播放量、在线观看人数、实时在线峰值人数等指标，最终测试出符合自身特点的直播间预热引流方案。

实战训练任务10-2　直播中二次引流

核心概念　直播中二次引流

任务目标　在直播执行过程中，根据直播间实时数据变化的情况，完成直播间流量下滑后的二次引流活动。

任务导入　请阅读材料并回答材料后的问题。

在过去几年中，直播带货迎来了其鼎盛时期，众多企业直播间迅速走红，同时也导致了行业内的激烈竞争。随着直播带货行业的发展，形成了一套被广泛认可的“专业”模式，即结合专业销售话术和优惠折扣。然而，随着越来越多的品牌涌入直播间，这种标准化的运营方式逐渐失去了品牌个性的优势。

在业界普遍追求直播运营规范化和专业度评价的背景下，佰草集直播间通过精心设计的场景和主播话术脱颖而出。佰草集在抖音的直播间摒弃了千篇一律的推销方式，通过控制直播节奏和独特的表演风格，将带货变成了一种娱乐体验，吸引用户持续关注。

佰草集大胆创新，将古装剧元素融入直播带货，通过角色扮演和互动内容与用户共同创造直播内容，甚至让用户参与产品命名。这种沉浸式的体验，如使用古代称谓回应用户问题，不仅增强了用户的参与感，还通过创意视频在抖音平台上获得了广泛传播。

佰草集的成功案例为直播带货提供了新的思路：除了提供最低价优惠，还可以在直播形式上进行创新。这种改变不仅涉及人和商品，更在于直播场景的创新，为品牌在直播间的发展方向提供了宝贵的参考。

（来源：网络资料）

思考：佰草集抖音直播能够成功出圈的原因是什么？

知识链接　直播中二次引流的技巧

1. 直播推荐页的流量来源

大部分非粉丝用户是通过推荐页的直播入口进入直播间的，这意味着推荐页是吸引非粉丝用户流量的关键。为了提升直播在推荐页的曝光率，首要任务是维护和优化直播账号。

图10-1是抖音官方的直播新手任务，其强调了3个考核指标，即直播时长(0.5—5.5小时)、音浪(指互动和收入)、开播频率(每周2次或4次)。

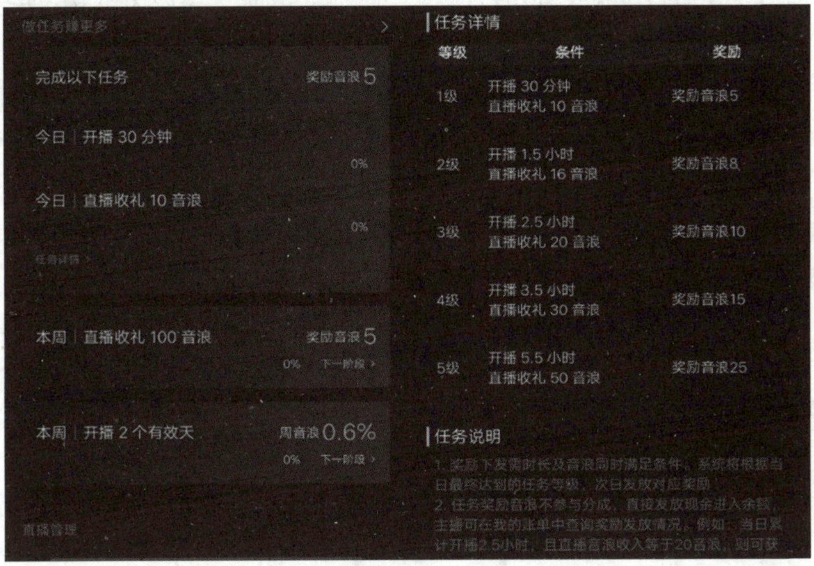

图10-1　抖音官方直播新手任务

通过分析新手任务任务，我们可以从中发现获得平台推荐流量的关键指标。

(1)单场直播时长。

新手任务中最低单场直播时长的门槛是0.5小时。事实上，抖音官方很多活动都建议单场直播时长应在3小时以上，并应针对直播内容使用相应的平台功能，如购物车等。

(2)稳定的直播频率。

新手任务里关于直播频率的最低门槛是每周2次，进阶任务则要求每周至少4次。

(3)直播间互动数据。

互动数据是衡量直播间表现的核心指标。以抖音为例，用户互动不仅包括送音浪，还涵盖点赞、关注、评论、点击购物车、购买商品、赠送礼物以及加入粉丝团等行为。开播时，主播应依据直播目标和现场互动情况，主动引导观众参与点赞、关注和评论等简单且高效的互动方式，这些行为不仅易于执行，还能显著提升直播间的互动数据表现。

2. 直播间推流权重指标

在直播过程中，平台会根据不同的指标，以一定的时间频率(如15分钟/次)对直播间进行考核，考核成绩直接影响到系统的下一次推流。成绩越好的直播间，获得平台推送的流量和曝光也越多。以抖音为例，平台给直播间的推流分别基于互动指标、商品指标、订单指标和粉丝指标四个维度进行。

(1)互动指标。

互动指标是衡量用户对直播内容兴趣的关键,它直接关系到直播间的受欢迎程度以及系统根据热度进行推荐的效果。这些指标具体包括总观看人数、每位观众的平均观看时长、新增粉丝数量,以及点赞、关注、评论和加入粉丝团等互动行为。

(2)商品指标。

商品指标体现的是用户对于商品的兴趣度,它会影响系统基于商品特征定向推荐的人群。商品指标体现在商品曝光、商品点击、订单生成、订单购买等方面。

(3)订单指标。

订单指标体现的是直播间的变现效果,越成熟的直播平台对越会考核直播间的订单指标情况。订单指标包括GMV(表示一定时间内的总交易额)、UV(独立访客)、GPM(千次展示成交额)、购买转化率等。订单的购买转化率是平台推流的核心指标,也就是常说的"接住了流量"。购买转化率越高,平台给直播间的下一次推流就越高。

(4)粉丝指标。

粉丝指标体现的是粉丝对直播间的兴趣程度。粉丝是最容易看到直播间的人群,一旦粉丝对直播间的兴趣度降低,会影响直播间整体的流量。粉丝指标包括活跃粉丝看播占比、粉丝UV、粉丝互动率等。

基于此,我们需要重点关注以上直播运营核心指标,以保证直播间数据的正向增长,从而获得更多的系统流量。

3. 如何做好直播中二次引流

(1)延长粉丝在直播间的停留时间。

在直播初期的半小时内,用户的停留时间和互动指标对于维持直播间的热度至关重要。这段时间内,如果能够吸引用户停留并参与互动,就能保持较高的在线人数,这被称为"暖场"。用户决定是否在陌生直播间停留,通常会考虑画面吸引力、内容相关性和主播表现三个因素。

画面吸引力:用户会根据第一印象判断直播间的场景是否符合自己的审美,用户通常在3秒内决定是否继续观看。

内容相关性:用户会观察主播、商品和直播间标题,以判断是否对展示的商品感兴趣。

主播表现:主播的话术和表现力能否激发用户的兴趣也是关键因素。

无论在线人数多少,主播都应保持热情,充分利用平台提供的流量,珍惜每一位进入直播间的用户。只有充满激情的主播和积极的直播氛围才能吸引用户停留,从而逐渐增加直播间的人气。

有些直播间在开播初期不急于展示商品(即不挂小黄车),而是专注于与粉丝互动,以延长用户停留时间,迅速提升人气。这样做是为了满足平台的考核指标,确保在人气足够高时再进行销售,从而提高转化率。

(2)利用有效互动引流。

主播可以通过增强互动来提升直播间的权重，从而增加平台的推荐流量。除了使用常规的互动话术，主播还可以通过让粉丝参与决策，例如选择下一个展示的商品或颜色，来激发粉丝评论和互动。

此外，一些直播间采取创新策略，例如以外形靓丽的主播销售男装，通过主播的个人魅力和表现力吸引男性观众在直播间停留并参与互动。这种方法同样能够有效提升互动指标，进而提高直播间的整体权重，吸引平台的更多推流。

(3)利用商品优势引流。

在直播开始半小时后，平台会着重考核转化率，而GPM是关键的数据指标。为了获得平台的进一步精准推流，主播应在开播15分钟左右就开始着手提升转化率。

有时我们会发现，尽管某些直播间的主播没有使用太多互动话术，也没有特意引导用户关注，直播间的互动指数表现平平，但由于直播间提供的产品具有吸引力，例如提供大幅度的折扣优惠或新品预约抢购活动，这些直播间的点击转化率和成交密度等订单指标依然表现出色。这些订单指标的优异表现能够有效提升直播间的总权重，从而吸引平台持续推流，使得直播间人气旺盛。

(4)利用憋单引流。

憋单就是用超值的低折扣商品吸引用户，让进来的人不走，就像蓄水池一样进水多出水少，水池就慢慢蓄起来了。憋单的时候要引导用户扣屏加关注加粉丝团，让系统捕捉到直播间的热度，进而触发系统推送更多的流量进入直播间。进来的人则继续扣屏，系统就继续推更多的流量，通过这样反复的操作，在短时间内可以把在线人数拉到一定的高度。

(5)高位下播。

高位下播是指在临下播前半小时或者1小时拉高并保持在线人数和GPM。主播在高位下播之后第二次开播，平台会基于上一次下播时的数据，给直播间推一波奖励性质的极速流量，因此，必须在下播前半小时提前对直播间流量进行补充和调整，调整排品和话术，做好热场，为下一场直播打好基础。

拓展阅读

太平鸟如何成为抖音品牌自播领头羊

任务实施

步骤1　收集实战项目直播过程中流量下滑严重的时间节点，分析其中规律，完成直播间流量下滑时间表(见表10-7)。

表10-7　直播间流量下滑时间表

序号	时间	流量下滑原因分析	备注

步骤2 根据直播间流量下滑时间及原因分析结果，结合直播平台的评价指标，制订直播中二次引流活动和实施方案(见表10-8)。

表10-8 二次引流活动和实施方案

序号	对应的平台指标	引流活动	实施方案
1	互动指标		
2	商品指标		
3	订单指标		
4	粉丝指标		

任务评价

以小组为单位进行评价，具体评价指标见表10-9。

表10-9 指标评价表

<table>
<tr><th colspan="2">评价指标</th><th>评价内容</th><th>评价对象</th><th>评价手段</th></tr>
<tr><td rowspan="8">任务评价</td><td rowspan="5">职业技能（70%）</td><td>直播中二次引流相关知识（10%）</td><td>个人</td><td>在线课程平台数据</td></tr>
<tr><td>直播流量下滑综合分析能力（10%）</td><td>团队</td><td>课程教师/其他团队/企业专家</td></tr>
<tr><td>直播中二次引流活动设计能力（20%）</td><td>团队</td><td>课程教师/其他团队/企业专家</td></tr>
<tr><td>直播中二次引流活动执行能力（20%）</td><td>团队</td><td>课程教师/其他团队/企业专家</td></tr>
<tr><td>临场应变能力（10%）</td><td>团队</td><td>课程教师</td></tr>
<tr><td rowspan="3">职业素养（30%）</td><td>成本意识（10%）</td><td>团队</td><td>课程教师</td></tr>
<tr><td>遵纪守法、诚实守信（10%）</td><td>团队</td><td>课程教师</td></tr>
<tr><td>团队协作情况（10%）</td><td>个人</td><td>课程教师/团队成员互评/自评</td></tr>
</table>

任务小结

要成功运营直播间，首先需要理解直播运营的核心理念，并掌握平台的评估标准。以抖音平台为例，平台对直播间的考核主要包含互动指标、商品指标、订单指标和粉丝指标。

在直播的不同的时间段，这些考核指标对直播间总权重分数的影响也是不同的。在刚开播的前半个小时，停留和互动指标的权重占比会比较高；但在开播半小时后，商品和订单指标权重开始上升。

只有了解平台的指标和考核规则，达到平台的考核标准，直播间才能获得平台的推流，这有助于直播间积聚人气，进而获得较好的购买转化。

1+X证书直通车

《1+X直播电商职业技能等级标准(中级)》对直播中二次引流的职业技能要求如下：

1.能根据直播目标和企业预算,利用直播平台的付费导流功能或第三方推广工具,进行付费引流；

2.能将直播视频的精彩内容进行剪辑,包装成软文或短视频,多渠道分发,引发二次传播；

3.具备良好的预算控制和分析能力。

课后训练

直播中二次引流

拓展任务

(1) 根据直播中二次引流方案,完成实战项目直播二次引流活动实施,并对效果进行初步评估。

(2) 直播团队通过循环直播进行二次引流活动测试,依托在线观看人数、实时在线峰值人数、互动数、转化率等指标,最终测试出符合自身特点的直播间二次引流方案。

实战训练任务10-3　直播后传播引流

核心概念　公域流量、私域流量

任务目标　直播结束后,制作直播精彩内容视频和直播战绩图文资料,多渠道分发传播,并进行公域私域流量的转化。

任务导入　请阅读材料并回答材料后的问题。

自成立以来,名创优品就将18至35岁的年轻消费者,即"千禧一代",作为其主要目标群体。这一群体在互联网环境中成长,构成了中国七亿网民的核心力量。

名创优品自2013年成立以来,一直专注于线下零售,直到2017年才正式进入线上市场,推出了名创优选这一自营电商平台。在过去六年中,尽管名创优品的销售额主要依赖线下门店,但同时也在逐步积累线上资源。到2020年3月,名创优品已经拥有超过2 500万的会员和社群粉丝,这些在疫情期间成为了宝贵的私域流量资源。

名创优品利用微信生态的营销能力,将社群作为与会员和粉丝沟通的主要渠道,并推出了小程序商城,通过社交裂变策略吸引更多用户。同时,名创优品员工积极参与线上直播,直接向消费者推销产品。此外,名创优品还与饿了么、美团、京东到家等平台合作提供"无接触配送"服务,并与顺丰合作推出“同城急送”服务，确保在疫情期间能够迅速将商品送达消费者手中。

叶国富对这种新型的“社群营销”模式进行了解读，强调名创优品的模式不依赖第三方平台，而是以实体门店为基础，直接面向用户提供服务，这与以往的电商或微商相比，具有更高的品牌信任度。这种模式有助于增强线下会员的忠诚度，提高复购率。

在疫情期间，名创优品的线上业务实现了300%的环比增长，不仅缓解了线下业绩的下滑，还为品牌在线上市场的扩张提供了新机遇。凭借其优质低价的产品特性，名创优品已经成功进入全球市场，截至2020年3月，名创优品在全球拥有超过4 200家门店，其中超过1700家位于中国以外的近100个国家和地区，成为中国企业国际化的典范。

（来源：网络资料）

思考：名创优品如何把疫情对品牌的冲击变成企业发展的契机，打造品牌私域流量的？

知识链接　直播后把公域流量转化成私域流量的技巧

1. 公域流量和私域流量

公域流量指的是通过公共平台如媒体、搜索引擎、电商平台等获得的流量。这类流量受平台规则限制，难以长期掌握和有效变现。在直播平台上，观众关注和订单转化后，商家与客户的联系往往中断，客户数据归平台所有，商家无法直接接触。为了建立属于自己的客户流量池，商家需要构建私域流量。

私域流量是内容创作者能够主动控制的流量，通常通过品牌影响力或个人魅力获得。社群营销是私域流量的典型形式，如通过直播建立微信群，吸引客户入群，商家可以直接运营和接触这些客户。通过长期的互动和“种草”，建立信任，促进付费转化。

2. 直播后构建私域流量的策略

(1) 搭建社群。

主播在直播中引导客户加入专属福利群或售后服务群，通过提供专属福利和服务，将直播间粉丝转化为私域流量，为后续运营打下基础。

(2) 做好社群运营与维护。

社群搭建起来后，就要注重日常的运营与维护了。一般来说，社群的日常运营维护应该包含群昵称与规则设定、积极互动、发放福利、核心粉丝运营、及时回应问题等五方面内容。

群昵称与规则设定：创建与主播或品牌相关的群昵称，增强粉丝归属感，同时制定群规则，确保群内秩序。

积极互动：通过话题讨论、投票、竞猜等活动，提高群活跃度，结合品牌和产品，引导粉丝参与。

发放福利：结合互动活动发放福利，如折扣、新品试用等，提高粉丝忠诚度和转化率。

核心粉丝运营：建立VIP粉丝群，聚集忠实粉丝，收集他们的反馈和建议，指导品牌发展。

及时回应问题：对于粉丝的疑问和售后问题，商家应迅速回应，提供优质服务，将投诉转化为忠诚，维护社群形象。

通过这些策略，商家可以在直播后有效构建和维护私域流量，实现与客户的长期互动和价值转化。

拓展阅读

直播+社群，三个案例解析服装企业如何开展线上争夺战

任务实施

步骤1　按照实战训练任务10-1任务实施步骤和内容，制作直播间精彩内容短视频、直播战绩海报、直播后宣传软文等直播后传播宣传资料，并进行多渠道分发。

步骤2　为直播间粉丝搭建社群，并把社群相关信息填入表格（见表10-10）。

表10-10　社群信息记录表

群名	
群规则	
群性质	
平台	
入群时间	
入群方式	
入群目标人群	

步骤3　制订粉丝社群日常运营与维护方案。

任务评价

以小组为单位进行评价，具体评价指标见表10-11。

表10-11　指标评价表

评价指标		评价内容	评价对象	评价手段
任务评价	职业技能（70%）	直播后传播引流相关知识（10%）	个人	在线课程平台数据
		直播后传播引流宣传资料制作能力（20%）	团队	课程教师/其他团队/企业专家
		公私域流量转化能力（10%）	团队	课程教师/其他团队/企业专家

续表

<table>
<tr><th colspan="2">评价指标</th><th>评价内容</th><th>评价对象</th><th>评价手段</th></tr>
<tr><td rowspan="5">任务评价</td><td rowspan="2">职业技能（70%）</td><td>社群搭建能力（10%）</td><td>团队</td><td>课程教师/企业专家</td></tr>
<tr><td>社群日常运营与维护能力（20%）</td><td>团队</td><td>课程教师/其他团队/企业专家</td></tr>
<tr><td rowspan="3">职业素养（30%）</td><td>客户服务意识（10%）</td><td>团队</td><td>课程教师</td></tr>
<tr><td>遵纪守法、诚实守信（10%）</td><td>团队</td><td>课程教师</td></tr>
<tr><td>团队协作情况（10%）</td><td>个人</td><td>课程教师/团队成员互评/自评</td></tr>
</table>

任务小结

为了在直播带货中吸引更多流量、关注和实现转化，商家需要将运营重心转向私域流量。私域流量的建设方法多样，但并非所有方法都适用于每个商家。因此，商家应根据自身品牌、商品和服务的特点，选择最适合自己的策略。构建私域流量池意味着将平台流量转化为商家自己的流量，并通过社群等渠道加强与粉丝和主播的联系。维护好这个“鱼塘”是确保品牌稳定发展的基础。通过有效的社群运营，商家可以培养忠实粉丝，实现粉丝的自然增长和裂变，从而提高转化率，推动品牌持续成长和扩大影响力。

1+X证书直通车

《1+X直播电商职业技能等级标准（中级）》对直播后传播引流的职业技能要求如下：

1. 能将直播视频的精彩内容进行剪辑，包装成软文或短视频，多渠道分发，引发二次传播；

2. 能基于直播数据和效果，设计战绩海报并分发，促进品牌宣传；

3. 能在直播结束后，针对直播热点和兴奋点与粉丝持续互动，促进转发。

课后训练

直播后传播引流

拓展任务

（1）根据直播后传播引流方案，完成实战项目直播后传播引流活动实施，并对效果进行初步评估。

（2）直播团队通过循环直播进行直播后引流活动测试，依托粉丝社群人数、粉丝在线人数、粉丝互动数、粉丝转化率等指标，最终测试出符合自身特点的直播后传播引流方案。

项目十一　直播营销复盘

项目描述

直播营销是持续性的活动，要想持续优化直播效果，直播团队就需要及时进行直播营销复盘。通过记录并分析直播数据，对直播流程进行梳理，并对整场直播进行总结与反思，对不足之处加以改进，并在下一场直播中实施。数据分析是直播运营中非常关键的一个环节，数据分析可以为直播复盘提供数据依据，数据运营人员可以对主播的整体直播数据进行分析，也可以对整个行业的数据进行分析，从而为直播营销过程优化提供决策支持。

在每场直播结束后，小王都需要组织直播团队整理汇总全网数据、行业数据和本场直播数据，从用户画像、直播流量、现场互动、商品转化等维度进行分析，为直播复盘提供第一手素材。直播团队根据数据对直播过程进行梳理，分析问题，对不足之处加以改进，形成直播过程优化方案。

项目目标

知识目标

1. 掌握直播数据分析的基本思路和常用指标；
2. 掌握直播过程优化的方法。

能力目标

1. 能计算和分析直播数据；
2. 能根据直播数据进行经验复盘；
3. 能撰写直播过程优化方案。

素养目标

1. 能够实事求是、严谨地对待直播营销复盘工作，并具备保密意识，合法合规地获取、使用和管理数据；
2. 培养团队合作精神。

任务导图

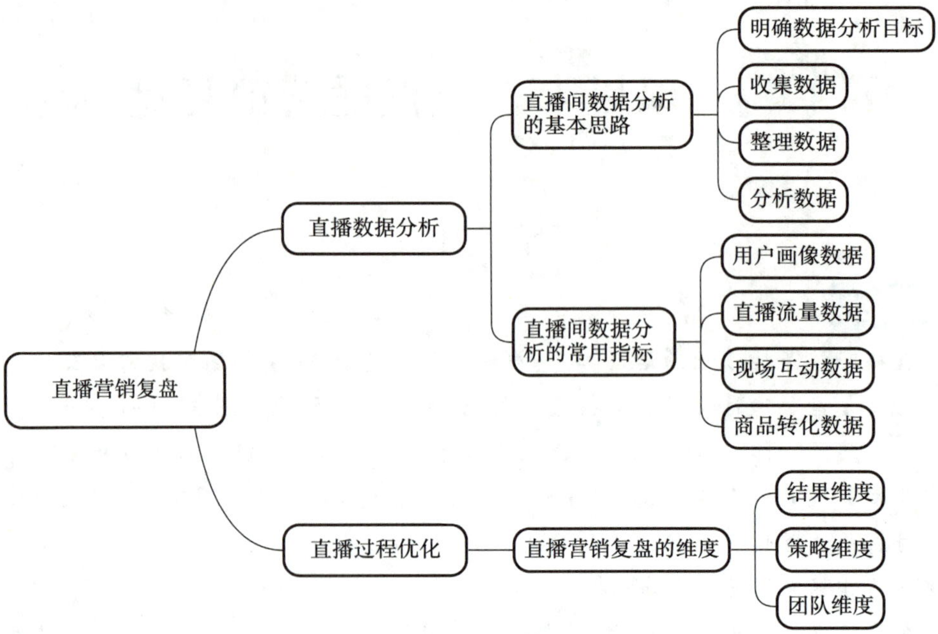

项目成果

1. 直播数据诊断报告
2. 直播过程优化方案

实战训练任务 11-1　直播数据分析

核心概念　直播数据

任务目标　整理汇总直播间数据，从用户画像、直播流量、现场互动、商品转化等维度分析粉丝精准度、内容吸引力、用户活跃度和直播效果，完成直播数据诊断报告。

任务导入　请阅读材料并回答材料后的问题。

我们将通过抖音平台某场直播后台数据来剖析如何分析直播数据，具体数据见图 11-1。

音浪收入：音浪收入受多种因素影响，新主播难以控制。对于带货主播来说，音浪收入通常较低。因此，不必过分关注此数据。

付费人数：付费人数指在直播间消费抖币的用户数量。增加付费人数可以通过设置福袋活动，仅限粉丝团成员参与，从而鼓励用户加入粉丝团并参与付费活动。

评论人数：提升评论人数对新主播来说相对容易。主播可以通过提问、讨论话题等方式激发用户兴趣，引导他们在直播间互动。选择与用户群体相关的话题，如地域、兴趣、育儿或创业等，可以有效增加评论人数。

新增粉丝：新增粉丝数是抖音平台的重要考核指标。主播应鼓励新用户关注，并强调关注是免费的，同时告知关注后的利益点，以提升粉丝数和直播间人气。

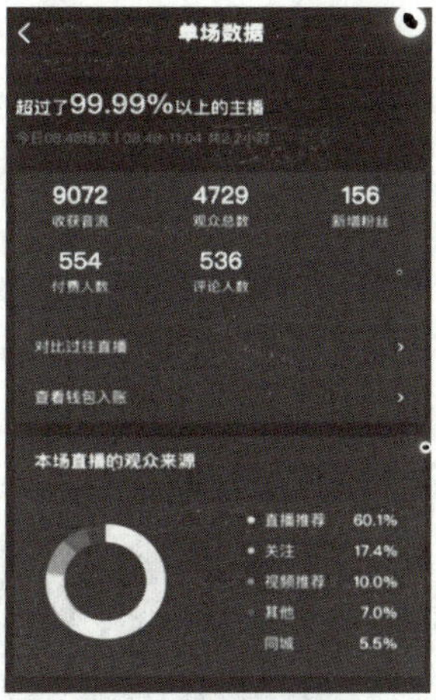

图 11-1　单场直播数据图

直播间引流的五个免费流量入口包括直播推荐、关注页面、视频推荐、其他界面、开启同城。

直播推荐：提高在抖音直播广场的曝光率，吸引精准流量。

关注页面：通过增加粉丝量，提高通过关注页面进入直播间的用户数量。

视频推荐：开播前半小时发布相关短视频，增加视频推荐流量。

其他界面：通过分享直播间链接，吸引更多用户进入。

开启同城：新主播应开启同城功能以增加流量，但需注意降低同城比例，提高其他流量入口的比例。

新主播应充分利用这些流量入口，老主播则需调整策略，优化流量结构，以提高直播效果。

思考：直播数据应从哪些方面去进行分析？

知识链接一　直播间数据分析的基本思路

1. 明确数据分析目标

要进行数据分析，首先要明确数据分析的目标。通常来说，直播数据分析的目标主要有以下6项：

(1) 通过数据分析发现问题，找到问题症结所在；

(2) 通过数据分析有针对性地找到解决问题的方法；

(3) 通过数据分析挖掘用户需求；

(4) 寻找直播间数据波动的原因，数据上升或下降都属于数据波动；

(5) 通过数据分析寻找优化直播内容、提升直播效果的方案；

(6) 通过数据规律推测平台算法，然后从算法出发对直播进行优化。

2. 收集数据

收集数据是分析的前提，可以通过直播账号后台、平台数据分析工具和第三方数据分析工具收集直播数据。

(1)直播账号后台。

直播账号后台通常会显示直播数据统计，直播数据运营人员可以在直播中或直播后进入账号后台获取直播数据。下面以抖音平台为例，讲解直播数据的获取步骤。

情况一：抖音APP端查看数据。

第一步，找到创作者服务中心。打开抖音APP，先后点击“我”—右上角的菜单列表，随后可在侧边菜单栏中找到“创作者服务中心”选项，如图11-2所示。

第二步，在创作者服务中心界面内点击“数据中心—更多”按钮，如图11-3所示。

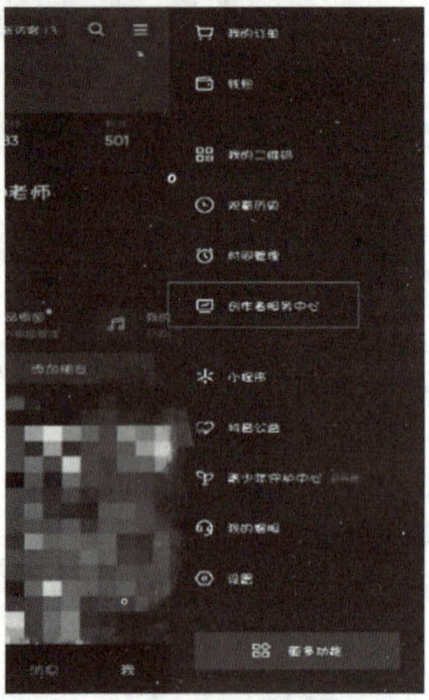

图11-2 “创作者服务中心”按钮

图11-3 点击“数据中心—更多”按钮

第三步，在数据中心界面内点击“详细数据”按钮，如图11-4所示。

第四步，进入详细数据界面后，就可以查看直播的相关数据了，包括数据总览、直播场次、粉丝分析三部分。如图11-5、图11-6、图11-7所示。

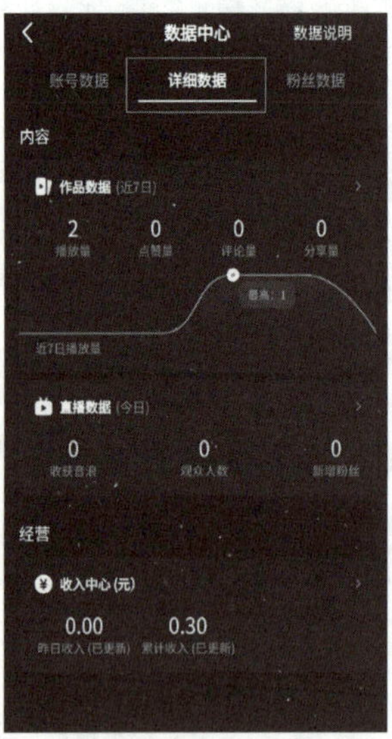

图11-4 点击“详细数据”按钮

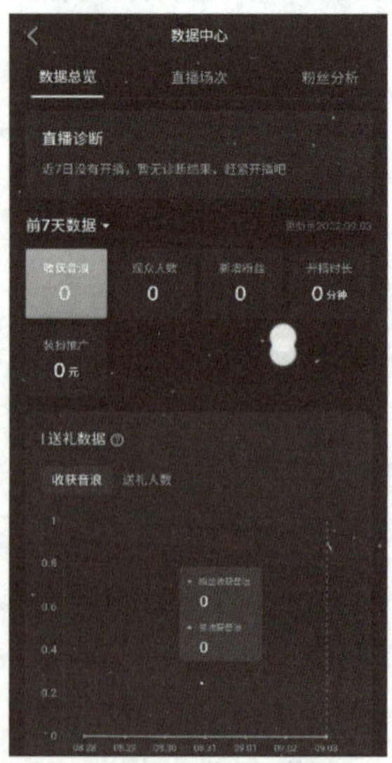

图11-5 查看数据总览

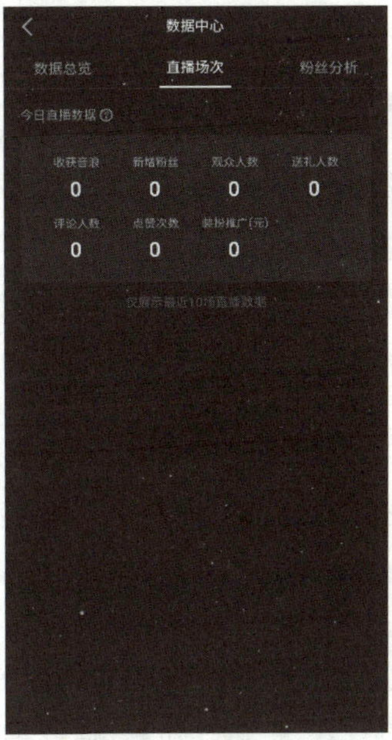

图 11-6　查看单场直播数据

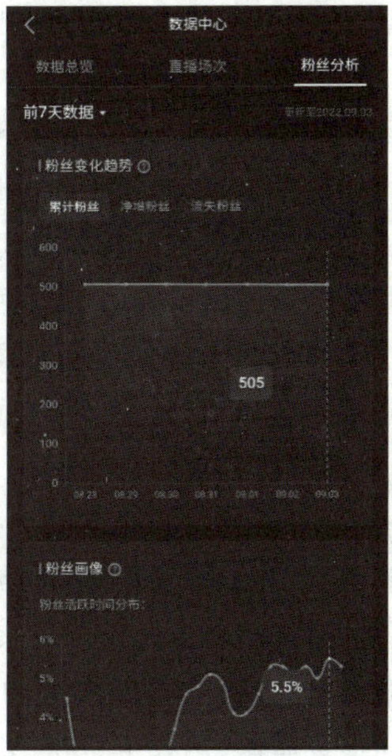

图 11-7　查看直播粉丝数据

情况二：通过PC端查看数据。

在PC端登录网页版抖音创作服务平台，就可以查看直播数据了，如图11-8所示。

图 11-8　查看PC端直播数据

(2)平台提供的数据分析工具。

一般来说，各个直播平台都会有自己官方的数据平台，如淘宝的数据银行、生意参谋、V任务平台等，抖音的巨量百应，快手的达人广场，这些工具都能提供直播的相关数据，但是展示的内容相对有限。

(3)第三方数据分析工具。

市场上存在众多第三方工具，专门为用户提供直播数据分析服务。这些工具具备强大的分析功能和多元化的数据统计维度，既能够分析整个直播行业的数据，也能针对特定直播账号进行深入分析。虽然多数工具需要付费才能解锁全部功能，但它们为直播行业提供了宝贵的数据支持。以下是四种常见的第三方数据分析工具。

首先是蝉妈妈。蝉妈妈主要提供抖音和小红书平台的直播数据分析。其基于强大的数据分析、品牌营销及服务能力，致力于帮助国内众多的达人、机构和商家提升效率，实现精准营销。蝉妈妈提供短视频、直播全网大数据开发平台，依托专业的数据挖掘与分析能力，构建多维数据算法模型，通过数据查询、商品分析、舆情洞察、用户画像研究、视频监控、数据研究、短视频小工具管理等服务，为直播达人、MCN机构提供电商带货一站式解决方案。以直播榜数据为例，蝉妈妈能够提供精准的直播间数据详情，包含直播间人数和人气趋势、送礼人数、商品销售额与销量等，具体的还有今日直播榜、达人带货榜、直播商品榜、礼物收入榜、送礼榜、直播分享榜六大榜单。其中根据今日直播榜、达人带货榜、直播商品榜的详细数据，可以分析出在什么时间、选择哪些商品才能更有效地触达潜在用户。

其次是飞瓜数据。飞瓜数据平台是一个专业的短视频和直播电商数据分析平台，主要为抖音、快手和哔哩哔哩等平台上的短视频创作者和主播提供数据分析服务。它的功能很齐全，可以做单个抖音直播账号的数据管理，查看日常的运营情况；也可以对单个视频做数据追踪，知晓它的传播情况。除此之外，通过飞瓜数据，还能搜集到热门视频、音乐、博主以及热门直播带货情况。

再次是知瓜数据。知瓜数据专门用于淘宝直播数据分析，提供了主播带货转化量分析、粉丝互动分析、粉丝画像分析等实用功能，也提供了播主销量榜、爆款商品榜、MCN排行榜等各类电商直播的相关榜单。

最后是灰豚数据。灰豚数据是36氪、腾讯科技、燃财经等平台引用数据的分析工具，它相对全面、准确、快速且极具性价比。灰豚数据的热门素材功能可以看到近2小时乃至近30天的热门视频，以及热门音乐、话题及抖音热点等，帮助用户学习、借鉴优秀的视频内容。其数据监测功能不仅可以对抖音账号进行数据监测，了解账号的运营情况，还能对已发布的抖音视频进行分钟级实时监测，查看视频的各项数据，判断视频是否能成为爆款视频。

3. 整理数据

整理数据是指对搜集的数据进行排查、修正和加工，便于后续分析。通常来说，整理数据包括修正数据和计算数据两个环节。

(1)修正数据。

无论是从直播账号后台抓取的数据、从第三方数据分析工具上下载的数据，还是人工统计的数据，都有可能出现误差。所以数据运营人员首先需要对收集的数据进行排查，修正异常数据，以保证数据的准确性和有效性，从而确保数据分析结果的科学性和参考性。

例如，在收集的原始数据中，某一天某款商品的直播销量为0，而通过查看店铺销售记录，发现当天该款商品在直播中是有销量的，所以收集的原始数据就有错误，需要对其进行修正。

(2)计算数据。

通过修正数据确保数据的准确性后，可以根据数据分析的目标对数据进行计算，以获得更丰富的数据信息，激发直播运营者更多的改进思路。数据计算包括数据求和、平均数计算、比例计算、趋势分析等。为了提高工作效率，可以使用Excel的相关功能对数据进行计算。

4. 分析数据

数据运营人员需利用高效工具对直播账号进行深入分析，以数据驱动账号运营的优化。以下是三种常用的数据分析方法。

(1)对比分析法。

通过比较不同时间段的数据，如同比(今年与去年同月数据对比)、环比(连续两期数据对比)和定基比(报告期与固定基期数据对比)，揭示数据变化规律。异常数据指偏离平均值较大的数据，需深入分析其原因。

(2)分类法。

将数据项归入特定类别，适用于用户分类、属性分析、满意度调查和购买趋势预测等。例如，根据用户对服装颜色的偏好进行分类，以便精准营销。

(3)特殊事件分析法。

直播数据异常可能与特殊事件相关，如平台改版、标签变更或开播时间调整。运营人员应记录这些事件，以便在数据异常时追溯原因。

以上分析方法有助于运营人员更好地理解直播数据，优化直播策略，提升直播效果。

知识链接二　直播间数据分析的常用指标

1. 用户画像数据

直播数据可以帮助直播团队进一步了解直播间用户画像与受众喜好，并可根据需求调整用户数据结构，同时方便与其他直播账号的数据进行多维度对比，取长补短，优化提升。

用户画像数据对于直播运营至关重要，它是确定直播营销策略的基础。直播间的用户画像涵盖了性别、年龄、兴趣、地域和活跃时间等多个维度。通过分析这些数据，直播运营人员可以在选品和直播间优化方面找到精准的切入点，从而更好地满足用户需求，提升直播效果。

2. 直播流量数据

直播流量数据主要包括进场人数和在线人数，以及人气数据。

(1)进场人数和在线人数。

进场人数和在线人数包括累计观看人次、人气峰值和平均停留时长，如图 11-9 所示。

图 11-9　进场人数和在线人数

(2)人气数据。

人气数据包括观看人次(PV)、人气峰值、平均在线人数、发送弹幕数、累计点赞量、涨粉人数、转粉率等。图 11-10 所示为某直播间的人气数据。

图 11-10　某直播间的人气数据

直播是一个持续的内容传播的过程，它为企业和个人提供了展示商品和品牌的有效途径。直播间的观众数量越多，内容的传播范围就越广，品牌和商品的植入就越能实现广泛的曝光。只要直播能够达到预定的人气指标，即可视其为一场成功的直播。

3. 现场互动数据

直播间的互动活跃度是衡量主播与观众情感信任程度的重要指标。互动数据，如点赞率、评论率、分享率和弹幕热词，直接影响直播间的氛围，而良好的氛围有助于吸引并留住新用户。

点赞率、评论率和分享率的计算方式如下。

点赞率：(点赞人数/累计观看人数)×100%。

评论率：(评论人数/累计观看人数)×100%。

分享率：(分享人数/累计观看人数)×100%。

弹幕热词，或称弹幕词云，是一种视觉化工具，它通过关键词的频率和渲染，突出显示网络中出现频率高的词汇(如图11-11)。这种工具过滤掉无关词汇，使主要关键词一目了然。在直播营销中，弹幕热词能够显示用户评论中最常出现的关键词，帮助主播了解观众互动的热点，并据此调整直播内容。

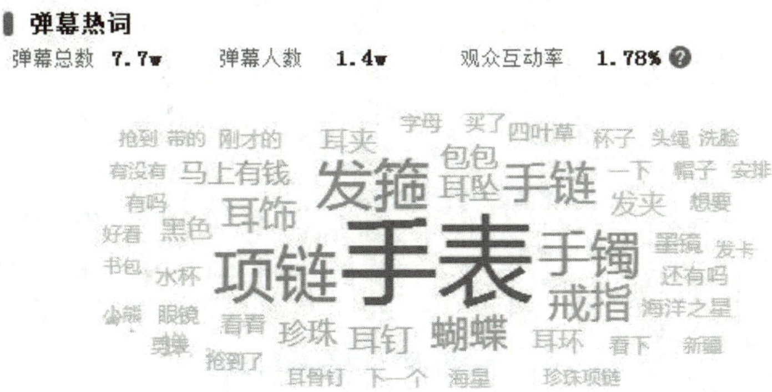

图 11-11　某直播间的弹幕热词

4. 商品转化数据

商品转化数据是指与直播间商品销售相关的数据，主要包括商品浏览数据、引导转化数据、直播销售数据三项。

(1)商品浏览数据。

商品浏览数据涉及商品展示次数和点击次数。

商品展示次数：商品在直播间被展示的总次数，包括商品链接弹窗和用户点击进入购物车的次数。

商品点击次数：用户实际点击进入商品详情页的次数。

例如，如果某商品在直播间展示150次，但仅被点击6次，表明用户对商品感兴趣但未深入查看，需要分析原因。

(2)引导转化数据。

引导转化数据包括商品点击转化率和商品购买转化率。

商品点击转化率：商品点击次数占累计观看人次的比率，显示直播间流量中对商品感兴趣的用户比例。

商品购买转化率：商品购买订单数与点击次数的比率，反映感兴趣的用户最终购买的比例。

（3）直播销售数据。

直播销售数据涵盖成交金额、成交数量、平均客单价、带货转化率和UV价值。如图11-12所示。UV价值代表每个访客对直播间的平均贡献值，计算公式为（总成交金额/累计观看人数）×100%。高UV价值意味着用户购买力强，直播间可利用高利润商品挖掘消费潜力。精准用户引入是提升UV价值的关键。一般直播间UV价值中位数约为1%，优质直播间可达3%—5%，某些场次甚至超过10%。

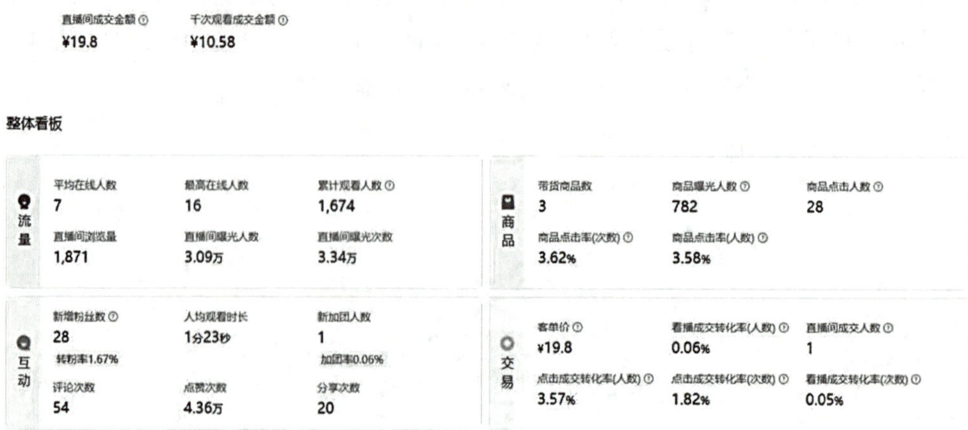

图11-12　某直播间的直播销售数据

任务实施

步骤1　登录直播平台账号后台及第三方数据平台，收集本团队直播数据及行业、对标账号基础数据，并对某些数据进行二次加工，完成表11-1。

表11-1　数据分析表

数据名称		团队数据	行业数据	对标账号数据	备注
用户画像数据	性别分布				
	年龄分布				
	兴趣分布				
	地域分布				
	活跃时间分布				
直播流量数据	直播间观看人数				
	直播间观看次数				
	最高在线人数				

续表

数据名称		团队数据	行业数据	对标账号数据	备注
直播流量数据	平均在线人数				
	平均停留时长				
	累计点赞量				
	新增粉丝数				
	转粉率				
现场互动数据	点赞率				
	评论率				
	分享率				
	弹幕热词				
商品转化数据	商品展示次数				
	商品点击次数				
	商品点击转化率				
	商品购买转化率				
	销售额				
	销量				
	平均客单价				
	带货转化率				
	UV价值				

步骤2　从粉丝精准度、内容吸引力、用户活跃度和直播效果四个方面，对表11-1中的各项数据进行解读和分析，并完成直播数据诊断报告（见表11-2）。

表11-2　直播数据诊断报告

数据名称		具体分析	备注
用户画像数据	性别分布		
	年龄分布		
	兴趣分布		
	地域分布		
	活跃时间分布		
直播流量数据	直播间观看人数		
	直播间观看次数		
	最高在线人数		
	平均在线人数		
	平均停留时长		

续表

数据名称		具体分析	备注
直播流量数据	累计点赞量		
	新增粉丝数		
	转粉率		
现场互动数据	点赞率		
	评论率		
	分享率		
	弹幕热词		
商品转化数据	商品展示次数		
	商品点击次数		
	商品点击转化率		
	商品购买转化率		
	销售额		
	销量		
	平均客单价		
	带货转化率		
	UV 价值		

任务评价

以小组为单位进行评价，具体评价指标见表11-3。

表11-3　指标评价表

评价指标		评价内容	评价对象	评价手段
任务评价	职业技能（70%）	直播数据分析相关知识（10%）	个人	在线课程平台数据
		直播数据收集整理能力（10%）	团队	课程教师/其他团队/企业专家
		用户画像数据分析能力（10%）	团队	课程教师/其他团队/企业专家
		直播流量数据分析能力（15%）	团队	课程教师/其他团队/企业专家
		现场互动数据分析能力（10%）	团队	课程教师/其他团队/企业专家
		商品转化数据分析能力（15%）	团队	课程教师/其他团队/企业专家
	职业素养（30%）	数据获取和使用合法合规（10%）	团队	课程教师/企业专家
		实事求是、严谨认真（10%）	团队	课程教师
		团队协作情况（10%）	个人	课程教师/团队成员互评/自评

任务小结

在缺乏付费推广的情况下，直播间的成长主要依赖于平台的推荐流量，这与商场专柜依赖商场人气类似。因此，了解平台的推荐机制至关重要，尤其是对于缺乏电商直播经验的团队。只有当直播团队的目标与平台的考核标准一致时，才能最大化推荐量。

平台主要考核的是直播间的“坑产”，即直播间在特定位置的流量产出。例如，如果直播频道排名第一的位置能带来100个流量，A主播能实现50元销售额，而B主播能实现80元，平台自然倾向于推荐B主播。坑产的核心在于单位流量的成交金额，产出越高，排名越靠前，从而获得更多流量。然而，一个常见误区是认为通过低价商品爆单可以提高权重，这可能与平台引导的商品成交价格策略相冲突。

为了提高坑产并赢得平台青睐，应关注以下核心指标：商品点击率、转粉率、用户停留时间、转化率、回访率和复购率。此外，还有复看率、点赞量、进店人数等辅助指标。通过分析影响这些指标的因素，并采取相应的运营策略进行优化，可以持续提升直播数据，吸引更多流量，从而增加销售额。

课后训练

直播数据分析

拓展任务

任选一个主流直播平台，按照前期拓展任务制订的直播方案、直播脚本、直播话术等内容，完成一场家乡农特产品直播，并在直播后收集并分析各项数据，完成家乡农特产品直播数据诊断报告。

实战训练任务11-2　直播过程优化

核心概念　直播过程优化

任务目标　根据直播数据诊断报告，从结果、策略和团队三个方面进行经验复盘，分析存在问题及可能原因，并针对问题提出改进措施，完成直播过程优化方案。

任务导入　请阅读材料并回答材料后的问题。

在完成直播数据的初步诊断后，我们需要从直播内容的吸引力、销售力、流量和产品等维度对数据进行深入分析。首先，要识别影响关键数据的因素，记录直播过程中的问题和亮点，形成复盘结论。复盘结论是基于数据指标和存在问题的全面分析，通过团队讨论得出，旨在复制成功的策略并改进不足之处。其次，将复盘结论转化为具体的执行任务，并明确分配给相关人员，确保在下一场直播中得到有效执行。

直播复盘时需注意复盘时间点，深入分析成功原因，避免重复错误，学习他人复盘。

复盘的时间点：建议每场直播后都进行复盘，特别是在进行了特殊活动策划或调整后。对于直播流量投放，如果是商家自播，建议按周复盘，因为投放效果需要时间来体现。

深入分析成功原因：当直播数据表现良好时，运营人员应深入思考成功的原因，避免仅停留在表面的庆祝。通过“倒推”分析，找出成功的关键因素，并持续优化。

避免重复错误：如果已知某些行为会导致问题，应避免重复犯错。不总结和规避错误会导致直播间运营难以持续。

学习他人的复盘：复盘不仅是自我反思，学习其他直播间的经验同样重要。这样可以避免重蹈覆辙，节省时间和成本。

通过这样的复盘流程，直播团队可以不断提升直播效果，实现转化率持续增长。

思考：直播过程应从哪些方面去进行优化？

知识链接　直播营销复盘的维度

1. 结果维度

在结果维度中，最重要的一步就是要对直播的最终数据进行深度思考，把直播的时间段、时长、单场观看人次、互动、商品点击、粉丝点击率、在线时长、粉丝平均停留时长、粉丝回访量、新增粉丝量、转粉率、订单数、转化率等重要数据详细地总结出来并进行分析，从而清晰地看到直播过程中存在的问题，然后对这些问题进行剖析，查找问题出现的原因，并改进优化，使直播效果不断提升。常见的各项直播数据出现问题的原因分析切入角度如表11-4所示。

表11-4　常见问题原因分析切入角度

数据情况	原因分析切入角度
流量不精准或下滑	引流角度：外部宣传不到位、引流渠道结构不合理
	行业角度：行业处于淡季、行业出现舆情危机
	主播角度：主播出现丑闻、主播状态不佳
	平台角度：存在违规情况被处罚、类目流量调整、活动流量分配调整
	策划角度：标签选择不合适、开播时间过短、开播时间段流量较少、商品吸引力不够、商品客单价过低、活动吸引力不够
	运营角度：封面吸引力不够、标题吸引力不够、直播权重下滑、粉丝回访率降低
转粉不佳	主播角度：主播IP不鲜明、主播转粉引导话术需要优化、主播状态不佳
	策划角度：互动玩法和粉丝福利吸引力不够、直播间装修陈列吸引力一般
	运营角度：用户标签不匹配
互动较少	主播角度：主播互动话术单一、主播控场能力弱

续表

数据情况	原因分析切入角度
互动较少	策划角度：活动玩法设计问题、活动力度不够
	运营角度：缺乏主动引导
转化一般	商品角度：商品筛选问题、选品排品逻辑问题、货品更新速度慢
	主播角度：促单话术需要优化、促单玩法单一
	运营角度：在线人数过低、缺乏氛围塑造
回访率低	商品角度：推荐商品不佳导致伤害粉丝、商品对粉丝吸引力一般
	主播角度：主播回复不及时粉丝有失落感、主播更换直播风格
	运营角度：开播未进行粉丝推送、开播无法进行粉丝推送（超过系统限制时间）、开播推送后粉丝未收到（超过系统限制次数）、未建立有效粉丝群、未运营主播私域流量、贸然更换开播时间、开播前未及时宣传、转粉活动过多导致粉丝黏性一般、更换新的封面图

针对不同问题的优化思路如下。

(1)在线人数少。

如果直播间的平均在线人数持续低于100人，这通常意味着观众数量不足，难以实现有效的变现。一般而言，用户在直播间的平均停留时间为30—60秒，而表现良好的直播间能让用户停留超过2分钟。

为了提升直播间的在线人数，需要同时考虑引流和留存策略。引流可以通过平台工具实现，而留存则需要采取优化直播背景、调整主播话术、关注新用户三项措施来实现。

优化直播背景：如清晰地展示出直播间的亮点及活动，让新用户能快速了解。

调整主播话术：主播和副播应使用引导性的话术，以吸引和保持观众的兴趣。

关注新用户：对新进入直播间的用户给予关注，及时互动，增强他们的参与感。

通过这些策略，可以有效提高直播间的吸引力和观众的留存率，从而增加在线人数。

图11-13所示为某直播间的抽奖活动，主播设置了只有在下单后才能参与抽奖的规则，这样不仅能将商品销售出去，也延长了用户在直播间的留存时间，增加了在线人数。

图11-13　某直播间的抽奖活动

(2)在线人数不稳定。

直播间的老用户的高占比是在线人数保持稳定的基础，因此要确保老用户能持续地留存在直播间。

图11-14所示为不同直播间单场直播在线人数趋势。直播间A在线人数非常不稳定，在线人数达

到人气峰值后一直处于下滑状态，直至下播。直播间B在线人数相对稳定，且有一定的规律性。稳定的在线人数，源于主播对直播节奏的把控，这也是专业主播和业余主播的最大区别。把控直播节奏的关键在于制订出好的直播脚本。新手主播尤其需要详细的直播脚本，最好能精确到每分钟。对于成熟主播而言，则应重视话题脚本的制订。

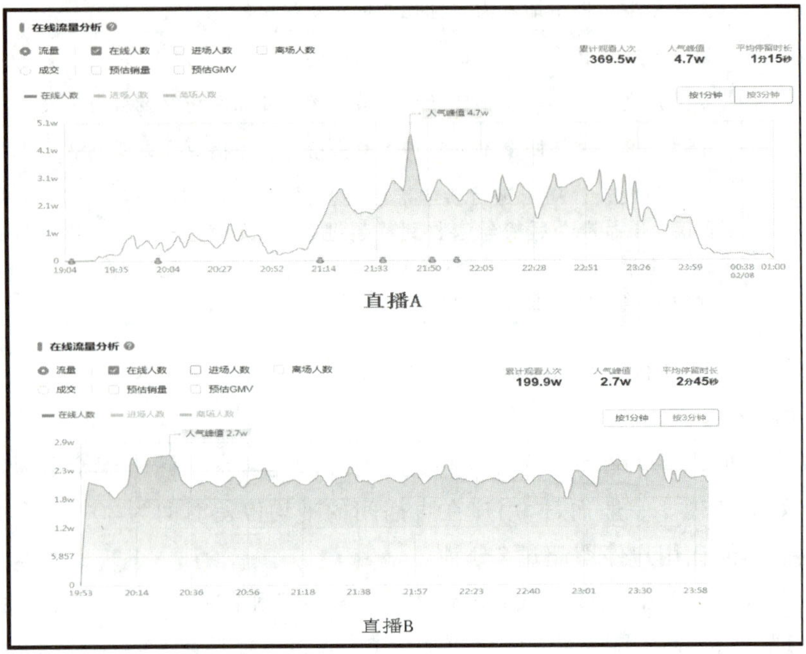

图 11-14　不同直播间单场直播在线人数趋势

以下是针对直播间用户互动和留存的优化建议。

固定开播时间：建立规律的直播时间表，帮助老用户形成观看习惯。

加强直播预告：通过预告提高新用户对直播的期待，增加他们成为常客的可能性。

建立粉丝社群：运营人员可通过私信等方式组建粉丝群，便于老用户在直播开始时迅速加入。

(3)新用户互动率低。

直播间的新用户在进入直播间后，既没有退出直播间，也没有参与互动，即新用户互动率低。

针对新用户互动率低的问题，建议如下。

增强互动引导：直播运营人员应主动引导新用户参与互动，让他们感到自己受欢迎并快速融入直播间氛围。

简化互动方式：确保新用户能够轻松理解并参与互动，避免因操作复杂而放弃。

利用连麦功能：连麦是提升用户参与度的有效手段，可以激发用户的积极性。

运用福袋、红包等激励：通过发放福袋、红包等激励措施，不仅能提升直播间的人气，还能促进用户的最终转化。

(4)老用户互动率低。

当直播间的老用户在观看时不积极参与评论、点赞和转发等互动时，表明老用户互动率低。以下是提升老用户互动率的优化建议。

激励参与：在直播中及时引导老用户参与互动，并提供福利奖励以刺激他们的参与度。

收集反馈：通过直播评论、私信和客服渠道积极收集老用户的反馈，了解他们的需求和建议。

增强归属感：鼓励老用户加入粉丝群，并为他们提供专属优惠，增强他们的优越感和存在感。

优化引流策略：调整吸引新用户的策略，确保吸引到愿意参与互动的用户，避免过多不活跃的用户加入社群。

(5)转化率低。

转化率是衡量直播间销售能力的关键指标，它直接反映了商品与直播间观众的匹配程度。如果直播间的转化率持续低于1%，这表明需要对商品选择和展示方式进行调整。优化建议如下。

产品调整：深入分析直播间用户数据，根据用户偏好调整商品种类或优化产品特性，如包装、亮点等。

价格策略：重新审视产品定价，确保价格具有竞争力，并考虑实施差异化定价策略。

转化策略：在活动策划中增加互动环节，提高用户参与度。

商品类目匹配：确保商品的性价比与目标观众群体相匹配，因为高性价比的商品是直播营销的核心。

2. 策略维度

策略维度复盘是直播团队对直播过程中的技巧和销售策略进行系统性总结和评估的过程。由于每个直播间的目标和策略可能有所不同，通过策略维度的复盘，团队可以识别哪些方法有效，哪些需要改进。

如果某种营销策略在直播中取得了良好效果并激发了高互动，这表明该策略是成功的，可以在未来的直播中继续采用，并根据具体情况进行调整。然而，如果策略虽然互动性强但转化效果不佳，或者转化效果好但互动不足，这可能意味着策略存在缺陷，需要进一步优化。

如果策略既未能带来良好的转化效果，也未能激发互动，那么这种策略就应该被放弃。在进行策略维度复盘时，直播团队应评估直播思路的正确性，分析策略的优缺点，并据此制定工作标准，明确未来直播中应采取和避免的行动，以便复制和推广有效的策略。

3. 团队维度

直播营销活动的成功依赖于团队成员之间的紧密合作和分工。每个成员负责不同的任务，如选品、拍摄、供应链管理、现场销售、售后服务和物流发货等。为了确保直播活动的顺利进行，团队需要从整体角度进行复盘。

在复盘过程中，每个成员应基于自己的职责回顾工作表现，并向团队展示成果，同时接受其他成员的评价。这种集体复盘有助于突破个人视角的限制，从团队成员不同的角度发现问题和原因。通过集体智慧，团队可以更全面地识别每个成员的优势和不足，以及工作中的亮点和需要改进的地方。

此外，基于团队维度的复盘还能有效提升团队凝聚力，促进成员间的相互理解和支持，为未来的直播活动打下坚实的基础。

一般来说，基于团队维度的复盘分为以下三步。

(1)自我阐述。

每位成员需回顾自己在直播中的角色、设定的目标、目标完成情况、未达成目标的原因，以及在执行过程中采用的有效方法和需要改进的地方。

(2)深入剖析。

团队成员应共同分析每位成员未达成目标的深层原因。这一步骤对于整个复盘过程至关重要，有助于团队每个成员都找到自身问题的原因并思考优化的方向。

(3)给出反馈。

在找到问题及原因后，团队就要分析如何去改进优化，这也是团队帮助成员成长的重要手段。

任务实施

步骤 1 对比直播间观看用户和购买用户二者的用户画像，分析差异，完成表 11-5。若两者之间的差异较大，则需进行优化。

表 11-5 观看用户及购买用户的用户画像对比分析

用户画像数据	观看用户	购买用户	差异分析	优化建议
性别分布				
年龄分布				
兴趣分布				
地域分布				
活跃时间分布				

步骤 2 对直播流量关键数据进行分析，找出问题，提出优化建议，完成表 11-6。

表 11-6　针对直播流量数据分析后的直播优化建议

流量来源	占比（%）	人数（人）	问题记录	优化建议
直播推荐				
视频推荐				
关注				
同城				
其他				
自然流量总数				
付费流量总数				

步骤 3　对直播内容吸引力关键数据进行分析，找出问题，提出优化建议，完成表 11-7。

表 11-7　针对直播内容吸引力数据分析后的优化建议

直播吸引力指标		关联因素	问题记录	优化建议
最高在线人数（人）		流量精准度 选品吸引力 产品展现力 营销活动力 主播引导力		
平均停留时长（小时）				
新增粉丝数量（人）				
转粉率（%）				
评论人数（人）				
互动率（%）				

步骤 4　对直播销售效率关键数据进行分析，找出问题，提出优化建议，完成表 11-8。

表 11-8　针对直播销售效率数据分析后的优化建议

销售效率指标		关联因素	问题记录	优化建议
转化率		流量精准 选品吸引 关联销售 直播展示 主播引导		
商品转化率				
客单价				
客单件				
UV 价值				

步骤 5　对单品销售关键数据进行分析，找出问题，提出优化建议，完成表 11-9。

表 11-9　针对单品销售关键数据分析后的优化建议

品名	浏览量	点击量	点击率	支付订单数	转化率	支付GMV	单品UV价值

单品分析	单品优化建议

步骤 6　结合直播数据分析结果，对直播过程中使用的直播技巧和销售策略进行复盘，完成策略维度复盘优化内容，见表 11-10。

表 11-10　策略维度复盘优化表

策略维度内容	问题分析	优化建议
直播目标		
直播主题		
直播促销活动		
直播场景		
直播单品介绍		
直播现场互动		
直播销售促单		

步骤 7　运营人员组织直播团队成员根据本职工作进行复盘，分析个体在直播工作中的优缺点，总结经验和不足，完成团队维度复盘优化内容，见表 11-11。

表 11-11　团队维度复盘优化表

姓名	岗位	工作总结	改进建议

续表

姓名	岗位	工作总结	改进建议

步骤 8　综合前期各项复盘优化内容，撰写直播过程优化方案。

任务评价

以小组为单位进行评价，具体评价指标见表 11-12。

表 11-12　指标评价表

评价指标		评价内容	评价对象	评价手段
任务评价	职业技能（70%）	直播过程优化相关知识（5%）	个人	在线课程平台数据
		用户画像对比分析能力（5%）	团队	课程教师/其他团队/企业专家
		直播流量来源分析能力（10%）	团队	课程教师/其他团队/企业专家
		直播内容吸引力分析能力（10%）	团队	课程教师/其他团队/企业专家
		直播销售效率分析能力（10%）	团队	课程教师/其他团队/企业专家
		单品销售情况分析能力（10%）	团队	课程教师/其他团队/企业专家
		直播策略和技巧分析能力（10%）	团队	课程教师/其他团队/企业专家
		直播岗位职责完成情况分析能力（10%）	个人	课程教师/企业专家
	职业素养（30%）	逻辑推理能力（10%）	团队	课程教师/企业专家
		实事求是、严谨认真（10%）	团队	课程教师
		团队协作情况（10%）	个人	课程教师/团队成员互评/自评

任务小结

直播复盘的标准因主播的成长阶段而异。新主播应关注粉丝增长和互动，而成熟主播则应重视引导用户进店和支付转化。

复盘的核心在于从实践中提炼经验，有针对性地进行优化。团队复盘时需明确四点：我们学到了什么、接下来应做什么、能给同行什么建议、哪些方案可立即执行。同时，复盘结论的可靠性需通过以下问题检验：结论是否普遍适用、是否排除了偶然因素、是否客观指向问题而非个人、是否有类似事件可进行交叉验证。

为确保复盘成效，需将经验转化为具体行动计划，考虑以下三点：开始执行哪些新措施、停止哪些不当做法、继续坚持哪些有效方法。

课后训练

直播过程优化

拓展任务

（1）根据实战项目直播过程优化方案做一场测试性直播，对比分析两场直播的数据和表现，检验复盘结论的有效性。

（2）根据直播过程优化思路，从直播结果、直播策略和直播团队三个方面撰写家乡农特产品直播过程优化方案。

参考文献

[1] 南京奥派信息产业股份公司.直播电商运营[M].北京:高等教育出版社,2021.

[2] 邹益民.直播营销与运营(微课版)[M].北京:人民邮电出版社,2022.

[3] 黄旭强,梅琪,洪文良.直播运营实务[M].北京:清华大学出版社,2021.

[4] 黄守峰,黄兰,张瀛.直播电商实战(微课版)[M].北京:人民邮电出版社,2022.

[5] 康博仁.文化助农:基于4I理论的"东方甄选"直播带货营销路径创新[J].新媒体研究,2022(21).

[6] 刘旸.直播营销话术(慕课版)[M].北京:人民邮电出版社,2022.

[7] 彭宇泓,郝辽钢.电商直播软硬信息对消费者响应的影响[J].经济与管理,2022,36(4).

[8] 王圣达.直播带货营销模式及运营风险研究[J].现代商业,2022(28).

[9] 翁文娟,万信琼.直播营销与案例分析(慕课版)[M].北京:人民邮电出版社,2022.

[10] 曹小其,胡青玲.电商直播[M].北京:中国劳动社会保障出版社,2020.

[11] 杨浩.电商直播2.0[M].北京:机械工业出版社,2020.

[12] 柳丹宁,赵富伟.乡村振兴视域下"短视频+直播"助农营销模式的现状及问题研究[J].商场现代化,2021(23).

[13] 梁喜,代涛,王婉怡."直播+电商"营销模式危与机[J].企业管理,2022(7).

[14] 徐梦迪.实战手册来了!手把手教会你直播[J].销售与市场(管理版),2020(10).

[15] 王彤.电商直播情境下消费者购买意愿研究[D].北京:中央民族大学,2020.

[16] 李莹.网络直播带货中主播的法律责任认定探究[D].济南:山东大学,2022.

[17] 阿里巴巴商学院.内容营销[M].北京:电子工业出版社,2019.

教学支持说明

为了改善教学效果，提高教材的使用效率，满足高校授课教师的教学需求，本套教材备有与纸质教材配套的教学课件(PPT)和拓展资源(案例库、习题库等)。

为保证本教学课件及相关教学资料仅为教材使用者所得，我们将向使用本套教材的高校授课教师赠送教学课件或者相关教学资料，烦请授课教师通过电话、邮件或加入财经商贸类专家俱乐部QQ群等方式与我们联系，获取“电子资源申请表”文档并认真准确填写后发给我们，我们的联系方式如下：

地址：湖北省武汉市东湖新技术开发区华工科技园华工园六路

邮编：430223

电话：027-81321911

E-mail：lyzjjlb@163.com

财经商贸类专家俱乐部QQ群号：824887394

财经商贸类专家俱乐部QQ群二维码：

群名称:财经商贸类专家俱乐部
群 号:824887394